# Die FehlerHilfe

Das Aktiv-Training gegen typische Fehler

**Deutsch**

**Grammatik** 7.–9. Schuljahr

Schroedel

Die FehlerHilfe

**Deutsch Grammatik**
7. – 9. Schuljahr

Autorin:
**Silke Heyenga** hat viel Erfahrung beim Unterrichten von Schülerinnen und Schülern von verschiedensten Schulen und Schulformen in Deutschland und in der Schweiz – von Förderschulen bis zum Gymnasium. Daher weiß sie, welche Fehler besonders häufig gemacht werden und wie diese vermieden werden können.


Westermann Schroedel Diesterweg Schöningh Winklers GmbH, Braunschweig
www.schroedel.de



Druck 1 / Jahr 2011

Redaktion: imprint, Zusmarshausen
Kontakt: lernhilfen@schroedel.de
Herstellung: Sandra Grünberg
Umschlaggestaltung und Innenlayout: tiff.any GmbH, Berlin
Illustrationen: Evelyn Neuss, Hannover
Satz: imprint, Zusmarshausen
Druck und Bindung: westermann druck GmbH, Braunschweig

ISBN: 978-3-507-**23201**-3

## Inhaltsverzeichnis

## Vorwort

Liebe Schülerin, lieber Schüler,

du möchtest weniger Fehler machen und deine Noten verbessern? Dann ist **Die FehlerHilfe** genau das Richtige für dich! **Die FehlerHilfe** hilft dir, typische Fehler zu vermeiden und so deine Leistungen zu steigern.

Zu jedem wichtigen Thema gibt es ein Kapitel. Jedes Kapitel beginnt mit einem Auszug aus einer Klassenarbeit. Hier siehst du, welche Fehler häufig gemacht werden. Sind in deiner Klassenarbeit ähnliche Fehler angestrichen? Dann solltest du dieses Kapitel auf jeden Fall bearbeiten!

Die Kapitel bestehen aus folgenden Bausteinen:

| | |
|---|---|
| **Regeln** | Hier wird leicht verständlich erklärt, welche Regeln du beachten musst, um typische Fehler zu vermeiden. |
| **Übungen** | Mithilfe der Übungen kannst du die Regeln aktiv trainieren. |
| **Tipps** | Eingestreute Tipps geben dir zusätzliche Hilfestellungen. |
| **Fehler-Check** | Am Ende des Kapitels kannst du den Test machen: Alles fehlerfrei? |

Die **Lösungen** zu den Übungen und zum Fehler-Check findest du am Ende des Buches.

Und nun kannst du dem Fehlerteufel den Kampf ansagen!

Viel Erfolg wünscht dir
*Silke Heyenga*

# Die Wortarten

1

## Das Verb: Der Konjunktiv I – indirekte Rede

*Julia sagte, sie esse gerne Schokolade.*

*Delal meinte, sie schriebe lieber E-Mails als SMS.* I

*Lena fragte: „Kommst du auch mit?"*

*Marvin sagte, seine Schwestern gehen heute ins Kino.* I

### Regeln

Der Konjunktiv I wird verwendet, wenn du die **direkte** wörtliche Rede eines anderen in **indirekter** Rede wiedergeben möchtest.

1. Der direkten Rede im Konjunktiv I gehen oft Verben wie **sagen, meinen, behaupten, vermuten** ... voraus.
   **Beispiel:** *Tim: „Heute fällt Mathe aus."*
   *Tim **sagte,** heute falle Mathe aus.*

2. Im Konjunktivsatz musst du die Pronomen anpassen.
   **Beispiel:** *Manuel sagt: „**Ich** habe sowieso **mein** Mathezeugs vergessen."*
   *Manuel sagt, **er** habe sowieso **sein** Mathezeugs vergessen.*

3. Um den Konjunktiv I zu bilden, hängst du an den **Stamm** des Verbes folgende Endungen:

   | | | | |
   |---|---|---|---|
   | ich | hab-**e** | wir | hab-**en** |
   | du | hab-**est** | ihr | hab-**et** |
   | er, sie, es | hab-**e** | sie | hab-**en** |

   Den **Wortstamm** ermittelst du, indem du das Verb in die Infinitivform setzt und die Endung -**en** weg lässt.
   **Beispiel:** *sagt – sagen – sag*

4. Manchmal kann man die Konjunktiv I-Form nicht vom Indikativ Präsens unterscheiden. Dann musst du den **Konjunktiv II** oder eine Umschreibung mit **würde** wählen. Wie du den Konjunktiv II bildest, kannst du im nächsten Kapitel nachschlagen.

**Beispiel:** *Tim sagt: „Statt Mathe* ***haben*** *wir heute Sport.“ (Indikativ Präsens)*
*Tim sagte, dass sie statt Mathe heute Sport* ***haben****. (Konjunktiv I)*
*Tim sagte, dass sie statt Mathe heute Sport* ***hätten/haben würden.*** *(Konjunktiv II/Umschreibung mit würde)*

5. Steht die direkte Rede im **Präteritum** oder **Perfekt**, bildest du den Konjunktiv I für beide Zeitformen gleich:
**Beispiel:** *Manuel: „Er schrieb bei mir ab.“ (Präteritum)*
*Manuel behauptete, er habe bei ihm abgeschrieben.*
*Manuel: „Er hat bei mir abgeschrieben.“ (Perfekt)*
*Manuel behauptete, er habe bei ihm abgeschrieben.*

6. Steht die direkte Rede im **Imperativ** (Befehlsform), wird der Konjunktiv I mit **sollen** gebildet.
**Beispiel:** *Tim: „Tom, gib mir das Heft!“*
*Tim forderte, Tom* ***solle*** *ihm das Heft geben.*

7. Steht in der direkten Rede eine **Frage ohne Fragewort**, wird der Konjunktiv I mit **ob** gebildet.
**Beispiel:** *Tim: „Hast du die Englischaufgaben gemacht?“*
*Tim fragte,* ***ob*** *er die Englischaufgaben gemacht habe.*

## Übungen

**1** Ergänze die Tabelle, kreise bei der Infinitivform den Wortstamm ein.

| Indikativ Präsens | Infinitiv | Konjunktiv I |
|---|---|---|
| er gibt | geben | er gebe |
| sie hat | | |
| wir finden | | |
| sie schreibt | | |
| ihr rennt | | |
| er liest | | |

**Tipp** | Die **Infinitivform** von **bin, bist, ist, seid** und **sind** ist **sein**. Die **Konjunktivformen** lauten dann **sei, seist, seien, seiet**.

**2** Am nächsten Tag erzählst du einem Freund von diesem Gespräch. Gib die Sätze in der indirekten Rede wieder.

Lola schreit: „Jan ist ein Dieb."

______________________________________________

Semin antwortet: „Das glaube ich nicht."

______________________________________________

Lola sagt empört: „Der klaut doch alles, was ihm in die Finger kommt."

______________________________________________

______________________________________________

Semin erwidert zweifelnd: „Das hört sich aber eher wie ein Gerücht an."

______________________________________________

______________________________________________

Lola begründet: „Seine Eltern geben ihm doch fast kein Taschengeld. Deswegen muss er klauen."

______________________________________________

______________________________________________

Semin stellt fest: „Und du bist eine Lügnerin. Du setzt einfach Gerüchte in die Welt."

______________________________________________

______________________________________________

**3** Ergänze die Tabelle. Unterstreiche die Verben, die im Indikativ Präsens und im Konjunktiv I gleich sind und bilde bei diesen den Konjunktiv II oder die Umschreibung mit „würde“.

| Indikativ Präsens | Konjunktiv I | Konjunktiv II/ Umschreibung mit „würde“ |
|---|---|---|
| wir klopfen | *wir klopfen* | |
| ich suche | | |
| er isst | | |
| ihr hört | | |
| sie tanzen | | |

**4** Schreibe den Text mit den passenden Konjunktivformen in dein Heft.
Hör mal, ich habe gestern mit Lola telefoniert. Sie erzählte mir, sie (sein) am Nachmittag immer im Jugendtreff. Sie (treffen) sich vorher meistens noch auf ein Eis in der Eisdiele mit ihrer Freundin Paula. Dann (gehen) die beiden zusammen zum Jugendtreff. Lola und Paula (spielen) meistens eine Runde Tischkicker, dann (schauen) sie den Jungs beim Billard zu. Jan (sein) wohl auch öfters da. Er (haben) neue Schuhe. Die (sind) richtig teuer.

**Tipp** Von vielen Verben wird die Perfektform mit **sein** gebildet.
**Beispiel:** *er läuft – er **ist** gelaufen. Ich war – ich **bin** gewesen.*
*Im Konjunktiv I heißt es also: er **sei** gelaufen, ich **sei** gewesen.*

5 Schreibe den Text in der indirekten Rede in dein Heft.
Lola: „Der hat die Schuhe doch auch geklaut. Soviel Geld besitzt der doch gar nicht. Ich glaube, der klaut alles Mögliche. Gestern, mitten im Unterricht ging er raus aufs Klo. Er war ganz schön lange draußen. Als er zurückkam, schaute er ganz unschuldig. Nach der Pause entdeckte Leon, dass seine Jacke nicht mehr am Haken hing. Ich bin sicher, dass Jan sie geklaut hat, als er draußen war. Das habe ich Leon gleich gesagt."

6 Forme in die indirekte Rede um. Schreibe in dein Heft.
Leon: „He, Jan, bleib mal stehen!"
Jan: „Was ist los?"
Leon: „Weißt du, wo meine Jacke ist?"
Jan: „Woher soll ich das denn wissen?"
Leon: „Jetzt tu doch nicht so unschuldig. Lola hat mir alles gesagt. Gib die Jacke wieder her."
Jan: „Ich habe deine Jacke nicht. Was hat Lola gesagt?"
Leon: „Ich weiß alles von ihr. Du hast die Jacke geklaut, als du in der Deutschstunde auf dem Klo warst."
Jan: „Bist du verrückt? Ich dachte, wir sind Freunde. Lass mich in Ruhe, ich habe noch Wichtigeres zu tun."

**7** Forme die Sätze von der indirekten Rede in die direkte Rede um. Schreibe in dein Heft.

Darauf entgegnete Leon, dass Jan die längste Zeit sein Freund gewesen sei. Mit Dieben wolle er nichts zu tun haben.

Jan erwiderte, woher Leon denn wissen wolle, dass er geklaut habe. Er habe doch gar keine Beweise. Nur weil er gestern in der Deutschstunde auf dem Klo gewesen sei, habe er doch nicht gleich die Jacke geklaut. Diese Lola und ihre Freundinnen verbreiteten immer die wildesten Gerüchte. Leon solle denen doch nicht alles glauben.

Leon fragte, wer denn die Jacke sonst geklaut habe. Jan sei der einzige gewesen, der gestern in der Deutschstunde draußen gewesen sei.

Jan fragte, ob Leon bemerkt habe, wer da komme. Da sei ja Leons kleiner Bruder. Und er solle schauen, was der in der Hand halte.

## Fehler-Check

**Schreibe die Sätze in der indirekten Rede. Schreibe in dein Heft.**

Julia: „Meine Eltern gehen heute Abend vielleicht weg."

Delal: „Dann hast du ja sturmfrei. Soll ich vorbeikommen?"

Julia: „Sie waren sich noch nicht ganz sicher. Sie haben es gestern mal überlegt. Jetzt kann ich sie nicht fragen, sie kaufen ein."

Delal: „Dann schreib mir doch eine SMS, wenn du es sicher weißt."

Julia: „Warst du gestern Abend nicht daheim? Ich habe dauernd versucht, bei dir anzurufen."

Delal: „Ich habe doch meine Tante besucht. Sie feierte ihren Geburtstag."

Julia: „Da kommen gerade meine Eltern. Ich mache mal Schluss."

Delal: „Denk an die SMS."

| | | | |
|---|---|---|---|
| ☐ Fehler | **0 – 2 Fehler** Super! | **3 – 8 Fehler** In Ordnung! | **mehr als 8 Fehler** Bitte noch einmal üben! |

## Das Verb: Der Konjunktiv II

Verwende den Konjunktiv II (auch den Konjunktiv mit „würde“).

*Wenn ich reich bin, würde ich mein Geld den Armen spenden.* |
*Ich würde nach Afrika gehen und ich unterstütze mit meinem* |
*vielen Geld ein Entwicklungshilfeprojekt. Natürlich kaufe ich mir* |
*auch eine große Villa.*

### Regeln

Der Konjunktiv II wird unter anderem verwendet, um etwas auszudrücken, was man sich wünscht, was man vermutet oder was man sich in seiner Fantasie vorstellt.

1. Den Konjunktiv II bildest du, indem du ihn von der **Präteritumsform** des Verbes ableitest.
   **Beispiel:** *Ich rufe. (Präsens) Ich rief. (Präteritum)*
   An den Stamm des Präteritums hängst du folgende Endungen:

| | | | |
|---|---|---|---|
| ich | rief-**e** | wir | rief-**en** |
| du | rief-**est** | ihr | rief-**et** |
| er, sie, es | rief-**e** | sie | rief-**en** |

2. Bei vielen Verben wird aus den einfachen Vokalen ein **Umlaut**.
   **Beispiel:** *Er trug. (Präteritum) Er trüge. (Konjunktiv II)*

3. Man kann den Konjunktiv II auch mit der Umschreibung **würde** bilden, wenn sich der eigentliche Konjunktiv II zu ungewöhnlich anhört.
   **Beispiel 1:** *Ich schwimme. (Präsens – Ich schwämme/er schwömme. (Konjunktiv II – Ich würde schwimmen. (Umschreibung mit würde)*
   Manchmal kann man den Konjunktiv II nicht vom Präteritum unterscheiden, auch dann verwendet man die Umschreibung **würde**.
   **Beispiel 2:** *Sie riefen. (Präteritum) Sie riefen. (Konjunktiv II) Sie würden rufen.(Umschreibung mit würde)*

## Übungen

**1** Ergänze die Tabelle

| Indikativ Präsens | Präteritum | Konjunktiv II | Konjunktiv mit „würde“ |
|---|---|---|---|
| ich sehe | *ich sah* | *ich sähe* | *ich würde sehen* |
| er kann | | | |
| wir schlafen | | | |
| sie weiß | | | |
| sie ist | | | |
| du nimmst | | | |
| sie schlagen | | | |
| er friert | | | |

**Tipp** Wenn du dir nicht sicher bist, wie bei einem Verb der Konjunktiv II gebildet wird, kannst du im Wörterbuch nachschlagen. Dort ist das Verb im Infinitiv und in anderen Formen aufgeführt.

**2** Ergänze mit den passenden Formen des Konjunktivs II. Schreibe in dein Heft.

Wenn bei uns eine Woche lang keine Autos fahren (dürfen), (sein) alle Straßen leer. Die Menschen (spazieren) auf den Straßen und (haben) viel mehr Platz. Kinder (spielen) dort und (müssen) keine Angst mehr haben, überfahren zu werden. Es (geben) weniger Lärm. Ich (schlafen) sicher besser. Um irgendwohin zu gelangen, (fahren) man mit dem Fahrrad oder mit dem Zug. Vielleicht (sein) dann auch Kutschen unterwegs.

3 Verwende statt der Umschreibung mit *würde* den Konjunktiv II, außer dort, wo der Konjunktiv II zu ungewöhnlich klingt oder gleich ist wie die Präteritumsform.

a) Wenn ich nicht mehr zur Schule gehen würde, würde ich immer bis mittags schlafen.

______________________________________________

______________________________________________

b) Wenn du mich freundlich fragen würdest, würde ich dir meinen Platz anbieten.

______________________________________________

______________________________________________

c) Wenn ich mich nicht um den kranken Vogel kümmern würde, würde er sicher bald sterben.

______________________________________________

______________________________________________

d) Wenn das Wasser nicht so kalt sein würde, würde ich einmal quer durch den See schwimmen.

______________________________________________

______________________________________________

______________________________________________

______________________________________________

______________________________________________

______________________________________________

______________________________________________

______________________________________________

e) Wenn du meinen Koffer tragen würdest, würde ich die beiden Taschen nehmen können.

## Fehler-Check

**Setze die Verben in Klammern in den Konjunktiv II. Verwende die Umschreibung mit *würde*, wo dies besser klingt oder wo man den Konjunktiv II nicht eindeutig erkennen kann.**
**Schreibe in dein Heft.**

Wenn niemand mehr arbeiten (müssen), weil alle genug Geld (haben), (sein) das Leben ganz anders. Die Menschen (machen) nur noch das, was ihnen (gefallen). Viele (schlafen) morgens länger und (anstrengen) sich weniger. Ich (gehen) nicht mehr in die Schule, weil ich ja keinen Beruf (brauchen), um Geld zu verdienen. Aber wer (bringen) beispielsweise den Müll weg? (geben) es noch Menschen, die bei der Müllabfuhr (arbeiten)?

| | | | |
|---|---|---|---|
| ☐ Fehler | 0 – 2 Fehler<br>Super! | 2 – 4 Fehler<br>In Ordnung! | mehr als 4 Fehler<br>Bitte noch einmal üben! |

## Verben: Aktiv und Passiv

Forme die Aktivsätze ohne Informationsverlust in Passivsätze um.

Ich habe meinen Hund spazieren geführt.

*Mein Hund wurde V spazieren geführt.* **I von wem?**

Man wird den berühmten Schauspieler nie vergessen.

*Der berühmte Schauspieler wird von den Leuten nie vergessen.* **I Zeitform**

### Regeln

1. Das Aktiv wird verwendet, wenn man den **„Täter“**, also denjenigen der etwas tut, in den Vordergrund stellen möchte. Der Täter steht dann im **Subjekt** und das Verb im **Aktiv**.
   **Beispiel:** ***Marvin mäht*** *den Rasen*

2. Das Passiv wird verwendet, wenn der **„Betroffene“** und das, was getan wird, im Vordergrund stehen. Der Betroffene steht im **Subjekt** und das Verb im **Passiv**.
   **Beispiel:** ***Der Rasen wird*** *von Marvin* ***gemäht.*** *Der Rasen* ***wird gemäht.***

3. Das Passiv wird gebildet mit dem Hilfsverb **werden** und dem **Partizip II**.
   **Beispiel:** *Der Rasen* ***wird*** *(von Marvin)* ***gemäht.***

4. Im Passiv wird der Täter mit **von** oder **durch** in den Satz eingefügt.
   **Beispiel:** *Der Rasen wird* ***von*** *Marvin gemäht.*

5. Manchmal wird der Täter nicht genannt. Formt man solch ein **täterloses Passiv** in einen Aktivsatz um, kann oftmals **man** als Subjekt verwendet werden.
   **Beispiel:** *Diesem Weg sollte gefolgt werden.*
   ***Man*** *sollte diesem Weg folgen.*

6. Passivsätze können in verschiedenen **Zeitformen** verwendet werden:

| | |
|---|---|
| Präsens | Der Brief **wird** von Daniel **geschrieben**. |
| Präteritum | Der Brief **wurde** von Daniel **geschrieben**. |
| Perfekt | Der Brief **ist** von Daniel **geschrieben worden.** |
| Plusquamperfekt | Der Brief **war** von Daniel **geschrieben worden**. |
| Futur I | Der Brief **wird** von Daniel geschrieben **werden.** |

## Übungen

**1** Unterstreiche die Verben, die im Aktiv stehen, schwarz und die Verben, die im Passiv stehen, in einer zweiten Farbe.

a) Der Ball wird von Jan geworfen.
b) Mara näht ein Kleid.
c) Der Postbote gibt ein Paket ab.
d) Der Patient wird vom Chefarzt operiert.
e) Die Katze wird vom Hund gejagt.
f) Der Lehrling schneidet das Gemüse.
g) Das Baby wird von seiner Mutter gestillt.

**2** Forme die Passivsätze in Aktivsätze um.

a) Meine Sitznachbarin wird von der Lehrerin ermahnt.

________________________________________

b) Dieses Produkt wird oft gekauft.

________________________________________

c) Der Hund wird von Till spazieren geführt.

________________________________________

d) Die Reise wird von uns morgen angetreten werden.

________________________________________

e) Über andere soll nicht schlecht geredet werden.

________________________________________

f) Die Bilder werden von den Museumsbesuchern betrachtet.

______________________________________________

g) In den Zug sollte schnell eingestiegen werden.

______________________________________________

**3** Bestimme die Zeitformen der Passivsätze und schreibe diese in die Klammern.

a) Vorige Woche wurde mir mein neues Skateboard von meinen Eltern geschenkt. (______________________________)

b) Davor war das Skateboard meines Freundes immer von mir geliehen worden. (______________________________)

c) Seit zwei Tagen sind meine Fahrkünste von mir deutlich verbessert worden. (______________________________)

d) Nächste Woche wird die neue Skateranlage von uns ausprobiert werden. (______________________________)

e) Die neuen Tricks werden von mir geübt. (____________________)

**4** Forme die Passivsätze aus Übung 3 nun in Aktivsätze um und verwende dabei die in Übung 3 verwendeten Zeitformen. Schreibe in dein Heft.

**5** Unterstreiche die Verben, die zu einer Passivkonstruktion gehören.

**Die Geschichte des Skateboardens**

Was früher, zu seinen Anfangszeiten, „Asphaltsurfen“ hieß, wird heute Skateboarden genannt. Der Ursprung des Skateboardens liegt in den 60er-Jahren. Damals wurde das Wellenreiten auf Asphalt und

Beton übertragen. Allerdings hatte der Sport bald keine Bedeutung mehr und wurde erst in den 70er-Jahren wiederentdeckt. Vor dieser Zeit waren kaum noch Skateboards zum Verkauf angeboten worden. Eine Gruppe Skateboarder aus Venice Beach in Kalifornien entwickelte das Pool Riding, heute wird statt eines leeren Schwimmbeckens eine sogenannte Halfpipe genutzt. Das Skateboard ist seit den 70er-Jahren immer weiterentwickelt worden und dadurch sind neue Tricks möglich geworden.

**6** Forme die Aktivsätze in Passivsätze um.

a) Skateboard-Organisationen führen lose Wettbewerbe wie z. B. das „Mastership" durch.

________________________________________

________________________________________

b) Viele Skater sehen das Skaten eher als eine Art von Kunst denn als Sport an.

________________________________________

________________________________________

c) Man rechnet Skaten häufig zu den sogenannten Freizeitsportarten.

________________________________________

________________________________________

d) Lange Zeit übten überwiegend Männer Skateboarden aus.

________________________________________

________________________________________

e) Seit einigen Jahren haben auch Frauen das Skateboarden für sich entdeckt.

______________________________________________

______________________________________________

## Fehler-Check

**Forme die Aktivsätze in Passivsätze um und die Passivsätze in Aktivsätze. Schreibe in dein Heft.**

a) Das Skateboard wird selten nur als reines Fortbewegungsmittel eingesetzt.
b) In der letzten Zeit sind viele Skateboarder wegen Sachbeschädigungen angezeigt worden.
c) In den 70er-Jahren übten viele Skateboarder das Slalomfahren aus.
d) Man kann gespannt sein, wie Skateboarder das Board für neue Tricks verwenden werden.
e) Bevor Skatingparks gebaut wurden, waren in den USA oft wasserleere Schwimmbecken zum Skaten benutzt worden.
f) Treppengeländer werden von Skatern oft für den sogenannten Slide Trick verwendet.
g) In den 80er-Jahren verwendeten die Skater das Skateboard oft auf ebener Fläche wie ein Turngerät für artistische Tricks.

| ☐ Fehler | 0 – 1 Fehler | 2 – 3 Fehler | mehr als 3 Fehler |
| --- | --- | --- | --- |
| | Super! | In Ordnung! | Bitte noch einmal üben! |

## Nomen – die vier Fälle unterscheiden und richtig anwenden

*Bei meinem großem Bruder darf ich gerade nicht ins Zimmer.*

*Die Tür des Zimmer ist fest verschlossen.*

*Er hat das tragbare Teil vom unseren Telefon mitgenommen.*

*Dabei erwarte ich dringend ein Anruf.*

### Regeln

Der Kasus (Fall) richtet sich danach, welche **grammatische Rolle** das Nomen im Satz hat. Im Deutschen gibt es vier Kasus, also vier Fälle.

1. Du erkennst den Fall, in dem ein Nomen steht, an der **Endung des Nomens** und an der **Endung seiner Begleiter** (Artikel, Adjektiv, Pronomen). Die Endung ist abhängig vom **Genus** (Geschlecht) und dem **Numerus** (Singular und Plural bzw. Einzahl und Mehrzahl).

Maskulinum

| Kasus | Singular | Plural |
|---|---|---|
| Nominativ (1. Fall) | der blaue Stift | die blauen Stifte |
| Genitiv (2. Fall) | des blauen Stift(e)s | der blauen Stifte |
| Dativ (3. Fall) | dem blauen Stift | den blauen Stiften |
| Akkusativ (4. Fall) | den blauen Stift | die blauen Stifte |

**Beispiele:** ***Der blaue Stift*** *liegt auf dem Tisch. (Nominativ, Singular)*
*Die Spitze* ***des blauen Stiftes*** *ist abgebrochen. (Genitiv, Singular)*
*Das Bild habe ich mit* ***den blauen Stiften*** *gemalt. (Dativ, Plural)*
*Ich gebe dir* ***die blauen Stifte****. (Akkusativ, Plural)*

Femininum

| Kasus | Singular | Plural |
| --- | --- | --- |
| Nominativ (1. Fall) | die alte Jacke | die alten Jacken |
| Genitiv (2. Fall) | der alten Jacke | der alten Jacken |
| Dativ (3. Fall) | der alten Jacke | den alten Jacken |
| Akkusativ (4. Fall) | die alte Jacke | die alten Jacken |

Neutrum

| Kasus | Singular | Plural |
| --- | --- | --- |
| Nominativ (1. Fall) | das dicke Buch | die dicken Bücher |
| Genitiv (2. Fall) | des dicken Buches | der dicken Bücher |
| Dativ (3. Fall) | dem dicken Buch | den dicken Büchern |
| Akkusativ (4. Fall) | das dicke Buch | die dicken Bücher |

2. Manche Nomen werden mit **(e)n** dekliniert (gebeugt), z. B. *der Mensch, die Menschen, des Menschen, der Menschen* usw., auch einige andere Nomen bilden Ausnahmen wie z. B *die Mama, die Mamas* usw. Wenn du dir unsicher bist, wie der Genitiv Singular und der Nominativ Plural gebildet werden, kannst du im Wörterbuch nachschlagen.

3. Bist du dir nicht sicher, in welchem Fall ein Nomen steht bzw. stehen muss, kannst du die Fälle erfragen.
   **Beispiele:** ***Der blaue Stift*** *liegt auf dem Tisch.*
   ***Wer oder was*** *liegt auf dem Tisch?*
   *Der blaue Stift. → Nominativ*
   *Die Spitze* ***des Stifts*** *ist abgebrochen.*
   *Wessen Spitze ist abgebrochen?*
   ***Des Stifts.*** *→ Genitiv*

*Ich gebe **David** einen neuen Stift.*
***Wem** gebe ich einen neuen Stift?*
*David. → Dativ*
*Ich gebe David **einen neuen Stift**.*
***Wen oder was** gebe ich David?*
*Einen neuen Stift. → Akkusativ*

**Wer oder was?** fragt nach dem Nominativ.
**Wessen?** fragt nach dem Genitiv.
**Wem?** fragt nach dem Dativ.
**Wen oder was?** fragt nach dem Akkusativ.

## Übungen

1 Ergänze die Tabellen.

| Kasus | Singular | Plural |
|---|---|---|
| Nominativ (1. Fall) | *die schwere Kiste* | |
| Genitiv (2. Fall) | | |
| Dativ (3. Fall) | | |
| Akkusativ (4. Fall) | | |

| Kasus | Singular | Plural |
|---|---|---|
| Nominativ (1. Fall) | *der glitschige Fisch* | |
| Genitiv (2. Fall) | | |
| Dativ (3. Fall) | | |
| Akkusativ (4. Fall) | | |

**2** Bilde mit den Nomen aus dem Wortvorrat jeweils einen Satz.

**der Frau** (Singular Dativ) ▪ **des Computers** ▪ **den Fenstern** ▪ **die Schwestern** (Plural Akkusativ) ▪ **den Bauarbeiter**

________________________________________

________________________________________

________________________________________

________________________________________

________________________________________

________________________________________

________________________________________

________________________________________

________________________________________

________________________________________

**3** Setze das Nomen (mit Artikel oder Pronomen) in der richtigen Form in die Lücken ein.

Vorige Woche bekam ich von __________________ (mein Freund) eine Einladung zu ________________________ (seine Geburtstagsparty). Ich überlegte noch, ob ich die neue Hose mit ______________________ (cool, Risse) anziehen sollte, aber sie war noch in der Wäsche. So musste ich mich mit __________________ (alt, Hose) behelfen. Es war ja auch egal, mir würde sowieso kein ______________________ (nett, Mädchen) über ______________ (Weg) laufen. Mein Freund hatte ja nur die Schüler aus ________________________ (unsere Klasse) und ________________________

(Parallelklasse) eingeladen. Als ich ______________________ ______________ (mein, Klassenkameraden) „hallo“ sagte, sah ich sie. Ich hatte sie vorher noch nie gesehen, aber sie entsprach genau ________________ (Bild) __________________________ (Mädchen) ____________________ (meine Träume). Ganz alleine stand sie in einer Ecke. Ich beeilte mich, ______________________ (mein Freund) sein Geschenk zu übergeben, und näherte mich __________________ (Ecke), in der das Mädchen stand. „He, Mirko, was ist denn mit ___________________ (dein Outfit) passiert?“, fragte eine Stimme hinter mir. „Du hast ja _________________________ (ein, riesig, Riss) an ____________________ (dein Hintern).“ Da fiel es mir wieder ein. Ich hatte mir die Hose am Zaun _________________ (Nachbar) aufgerissen und sie danach achtlos in ________________ (Schrank) gelegt.

**4** Bestimme, um welche Fälle es sich bei den unterstrichenen Nomen handelt.

Da stand ich nun vor meiner Traumfrau (____________) und wusste nicht, was ich machen sollte. Ich fasste an den Riss (____________) und merkte, dass er ziemlich lang war. Die Augen des Mädchens (____________) sahen mich forschend an. Ich muss wohl nicht so ein intelligentes Gesicht (____________) gemacht haben. Ich musste irgend etwas mit diesem schrecklichen Riss (____________) machen. Vor allen Dingen durfte das Mädchen (____________) ihn nicht sehen.

Ich grinste meine Traumfrau (____________) unbeholfen an, dann begann ich mich rückwärts durch das Zimmer (____________) von ihr wegzubewegen. Was würde sie wohl von solch einem Rückzieher (____________) denken? Egal, ich wollte nur aus diesem Raum (____________) heraus. Die Tür des Zimmers (____________) schien mir noch ziemlich weit weg zu sein.

**Tipp** Steht vor einem Nomen im Dativ ein Adjektiv, hat das Adjektiv die Endung -**em**: *mit laut**em** Gelächter*. Wenn aber außerdem ein Artikel oder ein Pronomen dabei steht, zeigt schon der Artikel oder das Pronomen den Dativ an. Das Adjektiv, das folgt, endet dann auf -**en**: *mit dem groß**en** Hund*.

**5** Ergänze die fehlenden Endungen.

a) Ich schenke dir mein___ alt___ Eishockeyschläger.

b) Hast du dein___ untreu___ Freund mal die Meinung gesagt?

c) Die Augen de___ grau___ Elefant___ schauten ganz traurig.

d) Bei dies___ schlecht___ Wetter gehe ich nicht vor die Tür.

e) Die Krankenschwester hilft de___ unerfahren___ Assistenzarzt beim Setzen der Spritze.

f) Dies___ gutmütig___ Hund kann doch niemand etwas zuleide tun.

g) An de___ gestrig___ Tag kann ich mich noch gut erinnern.

h) Auf de___ berühmt___ Volksfest war ein riesiges Gedrängel.

## Fehler-Check

**Ergänze die fehlenden Endungen und schreibe in die Klammern, um welchen Kasus es sich handelt.**

Da kam mein Freund Ali mit ein___ breit___ Grins___ (___________) auf mich zu. „Du hast aber eine seltsame Art, dich durch de___ Raum (___________) zu bewegen.“ „Du könntest dei______ Freund (___________) ruhig helfen, anstatt dein___ dumm___ Kommentar (___________) abzugeben“, sagte ich. „Ich habe ein___ riesig___ Riss (___________) in mein___ Hose (___________) und möchte nicht, dass dies___ Traumfrau (___________) dort hinten ihn sieht.“
Das Grinsen mein___ Freund___ (___________) Ali wurde noch breiter. „Ich könnte sie ja mit mein___ Charme (___________) ablenken und sie in ein tiefsinnig___ Gespräch (___________) verwickeln.“ „Sie hält sicher nichts von dein___ berühmt___ Charme“ (___________), gab ich zurück, „bei de___ bisherig___ Angebetete___ (___________) warst du wenig erfolgreich.“ Als wir wieder in die Ecke des Raum___ (___________) blickten, war sie verschwunden.

| | | | |
|---|---|---|---|
| ☐ **Fehler** | **0 – 2 Fehler** Super! | **3 – 6 Fehler** In Ordnung! | **mehr als 6 Fehler** Bitte noch einmal üben! |

# Adjektive und Adverbien unterscheiden und richtig anwenden

Unterstreiche alle Adjektive und kreise alle Adverbien ein.

Der Maulwurf ist vollendet an das Leben im Boden angepasst. II

Über dieses häufige Tier weiß man leider nicht viel, weil sich

fast sein ganzes Leben im Boden abspielt. I

## Regeln

1. **Adjektive** beschreiben **Eigenschaften** von **Nomen** genauer. Das Adjektiv richtet sich nach dem Nomen (Genus, Numerus und Kasus) und wird **dekliniert**.
   **Beispiele:** *Ein **lustiger** Clown, eine **lustige** Geschichte, ein **lustiges** Lied*
2. Adjektive beschreiben auch **Verben** genauer. Dann werden sie **nicht dekliniert**. Das Adjektiv **lustig** wird im Beispiel adverbiell verwendet.
   **Beispiel:** *Sie lacht **lustig**.*
3. Adjektive findet man oft in Satzkonstruktionen mit dem Verb **sein**. Auch hier werden sie nicht dekliniert. Diese Verwendung nennt man prädikativ.
   **Beispiele:** *Das Buch ist **lustig**. Der Ausflug war **lustig**.*
4. Adjektive kann man **steigern**. Man unterscheidet die **Grundstufe**, den **Komparativ** (Vergleichsform) und den **Superlativ** (Höchststufe).
   **Beispiele:** *lustig (Grundstufe), lustiger (Komparativ), am lustigsten (Superlativ).*
   Bezieht sich das Adjektiv direkt auf das Nomen, kann es auch in der Steigerung dekliniert werden.
   **Beispiele:** *die **lustigere** Geschichte (Komparativ), der **lustigste** Clown (Superlativ)*

5. Mit **Adverbien** kannst du genauere Angaben über ein **Geschehen** machen, sodass die **Umstände** eindeutig werden. Sie werden auch **Umstandswort** genannt.
**Beispiel:** *Ich war **dort** am Ufer. **Sofort** nach dem Mittagessen werde ich kommen.*

Ein Adverb kann man nicht verändern, bis auf wenige Adverbien, die man steigern kann. Dabei handelt es sich um **bald, wohl, oft** und **gern(e)**.
**Beispiel:** *bald – eher – am ehesten.*

6. Es gibt verschiedene Arten von Adverbien. Die Fragen helfen dir, herauszufinden, um welche es sich handelt.

| Art der Adverbien | Fragen | Beispiele |
|---|---|---|
| Temporaladverbien (Adverbien der Zeit) | Wann? Wie lange? Seit wann? Wie oft? | gestern, nachher, manchmal, bald, später |
| Lokaladverbien (Adverbien des Ortes) | Wo? Wohin? Woher? | dort, drinnen, links, unten, hier, nirgends |
| Modaladverbien (Adverbien der Art und Weise) | Wie? Auf welche Weise? Wie sehr? | kaum, sehr, gerne, vielleicht, nur |
| Kausaladverbien (Adverbien des Grundes) | Warum? Weshalb? Wozu? | darum, deshalb, also, nämlich, denn |

7. Adjektive und Adverbien sind manchmal schwer voneinander zu **unterscheiden**. Beide können ein Verb genauer beschreiben.
**Beispiel:** *Mein Vater lacht **gerne**. Mein Vater lacht **laut**.*

Sind beide Wörter Adjektive?
Nur Adjektive verändern ihre Form, wenn sie ein Nomen begleiten.

Deswegen kannst du **testen**, ob das Wort, das du bestimmen möchtest, ein Adjektiv oder ein Adverb ist.
Setze es hierfür zu einem Nomen:
***der gerne Vater*** – geht nicht, **gern** ist also ein Adverb;
***der laute Vater*** – geht, **laut** ist also ein Adjektiv.

## Übungen

**1** Ergänze die fehlenden Adjektive aus dem Wortvorrat.

**stark ▪ stark ▪ knapp ▪ verzweifelt ▪ gelblich ▪ hellgrau ▪ kurz ▪ dunkel ▪ rundlich ▪ schmutzig ▪ laut ▪ leicht ▪ seicht**

Den Seehund kann man am ____________________ Kopf ____________ erkennen. Die Fellfarbe wechselt ____________________, sie reicht von ____________________ bis ____________________. Das Fell hat außerdem viele ____________________ Flecken. Der Seehund lebt vorwiegend in ____________________ Gewässern.

Der Seehundbestand geht ____________________ zurück, sei es durch das ____________________ Wasser oder durch das ____________________ Nahrungsangebot. „Heuler" sind Seehundjunge, die ____________________ schreiend am Strand liegen. Meistens warten sie ____________________ auf die Mutter, die ______________ auf Nahrungssuche gegangen ist.

**2** Setze die Adjektive aus dem Wortvorrat in der richtig gesteigerten Form ein.

**arm ▪ giftig ▪ gut ▪ verspielt ▪ stark ▪ kurz ▪ knusprig ▪ erfolgreich**

a) Der Knollenblätterpilz ist der __________________ Pilz, den es bei uns gibt.

b) Der Körper der Hausgänse ist ____________________ aufgerichtet als der der Hausenten.

c) „Vom Winde verweht“ ist einer der ____________________ Filme aller Zeiten.

d) Mir gefällt deine neue Jacke ____________________ als die alte.

e) Der Weg durch den Hof ist am ____________________.

f) Hafer gedeiht auch auf ____________________ Böden.

g) Das schwarze Hündchen ist das ____________________ der beiden Welpen.

h) Das ist die ____________________ Pizza, die ich jemals gegessen habe.

**3** Setze passende Adverbien in die Lücken

a) ____________________ habe ich Geburtstag.

b) ____________________ hat meine Freundin heute keine Zeit.

c) ____________________ habe ich im Englischtest eine gute Note.

d) Warum regst du dich so auf? Es war doch ____________________ eine alte Tasse, die heruntergefallen ist.

e) Den Link findest du ____________________ auf der Homepage.

f) Mein kleiner Bruder kann ____________________ laufen.

g) Der Ball liegt ____________________ neben dem Mattenwagen.

h) So etwas passiert ____________________ mir!

i) ____________________, als meine Oma noch ein Kind war, gab es kaum Fernsehgeräte.

**4** Unterstreiche alle 19 Adverbien. Trage sie dann in die Tabelle ein.

Liebe Julia,

vielen Dank für deine Nachricht, die ich gestern endlich lesen konnte. Wir haben momentan so viele Hausaufgaben zu erledigen, dass ich kaum dazu komme, mich einmal an den Computer zu setzen. Deshalb musstest du so lange auf eine Antwort warten. Bestimmt hast du dich schon gewundert. Heute war in der Schule ein besonders schrecklicher Tag. Wir bekamen unsere Deutscharbeiten zurück. Ich wagte kaum, unten auf das Blatt zu schauen. Dort stand eine große rote Fünf. Immerhin keine Sechs wie bei der anderen Deutscharbeit. Ich hatte meinen Spickzettel vergebens geschrieben, denn ich musste, als wir die Arbeit schrieben, vorne in der ersten Reihe sitzen. Darum konnte ich ihn dummerweise nicht benutzen. Ich muss lernen! Wenn ich so weiter mache, bleibe ich nämlich sitzen. Jetzt muss ich ins Training, unten wartet schon meine Freundin Anna.

Bis bald, deine Lena

| Lokal-adverbien | Temporal-adverbien | Modal-adverbien | Kausal-adverbien |
|---|---|---|---|
| | | | |
| | | | |
| | | | |
| | | | |
| | | | |
| | | | |

**5** Schreibe in die Klammern hinter die unterstrichenen Wörter, ob es sich um Adjektive (Adj.) oder Adverbien (Adv.) handelt.

Liebe Lena,

Mach dir keine Sorgen, es war ja schon <u>öfters</u> (______) so, dass du keine Zeit hattest, um dich an den Computer zu setzen. <u>Glücklicherweise</u> (______) ist die Schule bei mir nicht so <u>anstrengend</u> (______). Auf den Mathetest, den wir <u>gestern</u> (______) geschrieben haben, habe ich mich nicht so <u>fleißig</u> (______) vorbereitet, aber ich habe trotzdem eine Drei geschrieben. Damit bin ich <u>zufrieden</u> (______). Dafür habe ich dauernd Ärger mit meinen Eltern. Letzte Woche bin ich eine halbe Stunde zu <u>spät</u> (______) nach Hause gekommen, als ich <u>abends</u> (______) im Wasserwerk in der Disco war. Darum wollen sie mich <u>morgen</u> (______) nicht weggehen lassen. Dass sie <u>immer</u> (______) so <u>streng</u> (______) sein müssen. Ich habe gar nicht <u>lange</u> (______) mit ihnen diskutiert, sondern bin <u>gleich</u> (______) nach <u>oben</u> (______) in mein Zimmer gerannt und habe <u>laut</u> (______) die Tür zugeknallt. Ich hoffe, dein Wochenende wird <u>netter</u> (______).

Liebe Grüße, Julia

**Tipp**

Im Englischen verhält es sich mit den Adverbien anders.
*My father laughs loudly*. ***Loudly*** ist im Englischen ein Adverb, das das Verb genauer beschreibt, im Deutschen ein Adjektiv in adverbialer Verwendung:
*Mein Vater lacht laut.*

## Fehler-Check

**Unterstreiche alle Adjektive und unterschlängele alle Adverbien.**

Der Igel ist ein Tier, das jedem bekannt ist. Im Garten ist er sehr nützlich, er frisst gerne Schnecken. Man sollte ihm lieber keine Milch anbieten, sie bekommt ihm nicht gut. Will man ihn unbedingt füttern, ist Hackfleisch besser. Abends ist er oft unterwegs, um Nahrung zu suchen. Leider wird der Igel häufig ein Opfer des Straßenverkehrs. Droht Gefahr, bleibt er stehen und rollt sich sogar klein zusammen. Er möchte sich nämlich mit seinen spitzen Stacheln gegen gefährliche Angreifer wehren. Manchmal findet man im Winter draußen junge, untergewichtige Igel. Sie aufzupäppeln ist schwierig und sehr anstrengend. Nur wer genau Bescheid weiß, sollte dies versuchen. Schneckenkörner sind für den Igel giftig, er kann sogar daran sterben. Es gibt igelfreundliche Schneckenkörner, die man unbedenklich benutzen kann.

| | | | |
|---|---|---|---|
| ☐ **Fehler** | **0 – 3 Fehler**<br>**Super!** | **4 – 10 Fehler**<br>**In Ordnung!** | **mehr als 10 Fehler**<br>**Bitte noch einmal üben!** |

## Konjunktionen

Unterstreiche die Konjunktionen.

Bitte bring mir vom Bäcker Brot und Milch mit. II

Ich mache mir Sorgen, weil er immer noch nicht da ist. II

### Regeln

1. Konjunktionen **verbinden** Wörter, Wortgruppen oder Sätze miteinander. Konjunktionen sind Wörter wie **und, oder, weil, doch, dass**. Sie sind unveränderlich.
   **Beispiele:** *Anna* ***und*** *Jan wohnen im selben Haus.*
   *Anna hilft Jan in Mathe,* ***weil*** *er dort schlechte Noten hat.*
   Man unterscheidet zwei grundsätzliche Arten von Konjunktionen.

2. **Nebenordnende Konjunktionen** verbinden Sätze, Wortgruppen oder Wörter, die grammatisch gleichwertig sind, miteinander. Nebenordnende Konjunktionen sind z. B. **und, aber, oder, sowohl … als auch, weder … noch**. Vor **und, oder, sowohl … als auch, weder … noch** steht meistens kein Komma.
   **Beispiele:** ***Sowohl*** *Jan* ***als auch*** *Anna haben jüngere Geschwister.*
   *Anna macht sich nicht so viel aus Jungen,* ***aber*** *Jan mag sie gerne.*

3. **Unterordnende Konjunktionen** leiten Nebensätze ein und verbinden diese mit dem Hauptsatz oder einem anderen Nebensatz. Unterordnende Konjunktionen sind z. B. **dass, weil, wenn, obwohl, als, bevor.** Vor unterordnenden Konjunktionen muss immer ein Komma stehen.
   **Beispiel:** *Jan freut sich,* ***wenn*** *Anna ihn besuchen kommt.*

4. **Adverbien** wie **daher, dennoch, dann, dort, deshalb, trotzdem** können wie eine nebenordnende Konjunktion verwendet werden, d. h. sie leiten keine Nebensätze ein. Sie sind manchmal schwer von den Konjunktionen zu unterscheiden. Manche werden von unter-

schiedlichen Grammatiken auch verschieden zugeordnet, mal als Adverb, mal als Konjunktion, gelegentlich als beides.

## Übungen

**1** Setze eine passende nebenordnende Konjunktion in die Lücken.

a) ________________ meine Mutter ________________ mein Vater erlauben mir nicht, alleine zu verreisen.

b) Ich fände es gut, wenn Gül ________________ Mara neben mir sitzen würden, ________________ auf keinen Fall Lena.

c) Zum Geburtstag habe ich eine neue Tasche bekommen, _________ über eine Konzertkarte hätte ich mich mehr gefreut.

d) Als ich an Alex vorbeiging ________________ er mich anlächelte, verspürte ich ein leichtes Kribbeln.

e) Meine Mutter ist doch keine Chefin, ________________ nur eine Angestellte.

**2** Setze passende unterordnende Konjunktionen in die Lücken.

a) Ich möchte nicht, ____________ du meiner Mutter etwas sagst.

b) ____________ du das Geschirr noch wegräumen könntest, __________ du gehst, wäre ich froh.

c) Ich komme mit, ____________ es mir dort sicher nicht gefällt.

d) Julia bleibt wahrscheinlich sitzen, ____________ sie so schlechte Noten hat.

e) Du musst den Arm ruhig halten, ____________ ich ihn verbinden kann.

**3** Umkreise alle 11 Konjunktionen und setze, wenn nötig, ein Komma.

Die Ölpalme stammt ursprünglich aus Westafrika und ist weltweit eine der ertragreichsten Ölpflanzen. Palmöl und Palmkernöl werden in alle Welt exportiert denn man kann sie in vielen Produkten verwenden. Die Ölpalmen wachsen rund um den Äquator in tropischen Regenwäldern weil hier die besten Bedingungen herrschen. Für den Anbau der Ölpalme werden riesige Flächen von Regenwäldern gerodet da Palmöl sehr begehrt ist. Fast in allen Produkten kann man Palmöl finden wenn man sich die Zutatenlisten durchliest. Man findet es in Margarine, Chips, Fertigprodukten oder in Waschmitteln und Hautcremes. Es wird sogar in Heizkraftwerken als Brennstoff verwendet obwohl Palmöl ökologisch gesehen höchst bedenklich ist. Es wäre besser wenn man andere Öle statt Palmöl verwenden würde aber Palmöl ist sehr billig.

**4** Verbinde die folgenden Sätze mit einer Konjunktion oder einem Adverb. Verwende dazu die Wörter aus dem Wortvorrat.

**Adverbien: dann ▪ deshalb**

**Konjunktionen: weil ▪ und ▪ indem ▪ dass ▪ dass ▪ damit**

Viele Menschen wissen nicht, (1) __________ in Papiertaschentüchern Zellulose steckt, die von Eukalyptusplantagen stammt. In Brasilien wurden große Flächen Regenwald abgeholzt (2) __________ Indianer gewaltsam von ihrem Land vertrieben, (3) __________ dort Eukalyptusmonokulturen angepflanzt werden konnten. Will man zum Schutz der Regenwälder beitragen, (4) __________ empfiehlt es sich, nur Taschentücher aus Recyclingpapier zu kaufen, (5) __________ sie sicher nicht mit Frischzellulose hergestellt wurden. Viele Menschen sind sich gar nicht im Klaren darüber, (6) __________ es etliche Produkte gibt, die dem Regenwald schaden, (7) __________ versuchen Umweltorganisationen die Öffentlichkeit auf solche Problematiken aufmerksam zu machen, (8) __________ sie spektakuläre Aktionen veranstalten.

## Fehler-Check

**Umkreise alle Konjunktionen und unterstreiche die Adverbien, setze, wo nötig, Kommas.**

Am Goethe-Gymnasium in Brennstedt machte die Umwelt-AG darauf aufmerksam dass viel zu wenig Recyclingpapier an der Schule benutzt werde. Viel zu wenige wussten über die Vorteile von Recyclingpapier Bescheid daher gestaltete die Umwelt-AG Plakate und eine Info-Ecke. Argumente für Recyclingpapier gibt es viele, z. B. der geringe Wasserverbrauch bei der Herstellung oder die Tatsache dass keine Bäume abgeholzt werden müssen. Die Umwelt-AG sprach auch mit der Schulleitung deswegen werden alle Kopien nur noch auf umwelfreundlichem Papier gemacht. Einmal in der Woche verkauft die Umwelt-AG umwelfreundliche Schulhefte damit die Schüler keine anderen Hefte kaufen.

| | | | |
|---|---|---|---|
| ☐ Fehler | 0 Fehler<br>Super! | 1 – 2 Fehler<br>In Ordnung! | mehr als 2 Fehler<br>Bitte noch einmal üben! |

# 2 Satzglieder

## Wie erkennt man Satzglieder?

Markiere die Satzglieder, die aus mehreren Wörtern bestehen.

Vorige Woche waren wir auf Klassenfahrt. Wir fuhren mit dem Zug **III**
nach Italien. In Genua stiegen wir in den Regionalzug. **III**
Aus dem Fenster sahen wir schon das Meer. Bald erreichten wir **I**
den Zielort. Wir wanderten bis zum Zeltplatz. Hier kochten wir **I**
Spaghetti auf einem großen Campingkocher. **I**

### Regel

**Satzglieder sind Bausteine von Sätzen.** Ein Satzglied kann aus einem oder mehreren Wörtern bestehen. Wie kann man sie erkennen?

Satzglieder erkennt man, indem man versucht, einen Satz umzustellen, sodass der Inhalt immer noch der gleiche ist. Die Wörter, die immer zusammen bleiben, und die, die sich einzeln verschieben lassen, sind die Satzglieder.

**Beispiele:** *Auf dem Campingplatz spielten wir Fußball gegen die 7b.*
*Wir spielten auf dem Campingplatz Fußball gegen die 7b.*
*Gegen die 7b spielten wir Fußball auf dem Campingplatz.*
*Fußball spielten wir auf dem Campingplatz gegen die 7b.*
*Spielten wir Fußball gegen die 7b auf dem Campingplatz?*

Du hast sicher erkannt, dass sich folgende Worte und Wortgruppen verschieben lassen.
*auf dem Campingplatz* ▪ *wir* ▪ *Fußball* ▪ *gegen die 7b* ▪ *spielten*

## Übungen

**1** Versuche, durch Umstellung so viele Sätze wie möglich zu bilden. Denke dabei auch an einen Fragesatz. Umkreise die Satzglieder:

Gestern fiel Petra beim Ballspielen auf ihren linken Arm.

______________________________

______________________________

______________________________

______________________________

______________________________

**2** Bilde aus den angegebenen Wörtern einen Satz. Kreise dann die Satzglieder ein.

a) Janik am zum schnellsten rannte Strand

______________________________

b) des Zelt war Lehrers nicht das wasserdicht

______________________________

c) Wellen mein verschwand Schnorchel Wellen roter tosenden den in ______________________________

______________________________

d) tropfte Eis blauen des Leas Zuges Sitze die auf

______________________________

e) Schultern schmerzhaften auf Nils hatte Sonnenbrand den einen ______________________________

______________________________

**3** Umkreise die einzelnen Satzglieder.

a) Am Strand fanden wir schöne Muscheln und Steine.

b) Bei einem großen Gewitter überflutete mitten in der Nacht unser Zelt.

c) David konnte wegen seiner italienischen Verwandten einige Brocken Italienisch.

d) Am Sonntag machten wir bei Regenwetter einen Ausflug nach Genua.

## Fehler-Check

**Umkreise die einzelnen Satzglieder.**

Leider fielen Luisa die meisten Spaghetti beim Abgießen ins Waschbecken. Also kochten wir nochmals einen Topf mit Nudeln. Wir waren inzwischen sehr hungrig. Am nächsten Tag bekamen wir dafür ein besseres Essen. Wir gingen in die Pizzeria. Micha bestellte eine Pizza mit dem lustigen Namen „Diavolo". Beim Essen wurde sein Gesicht plötzlich krebsrot. „Diavolo" bedeutet auf Deutsch „Teufel". Michas Pizza war mit roten Pfefferschoten belegt. Zur Entschädigung bekam Micha von jedem Schüler ein kleines Stück Pizza. Später spazierten wir am Strand. Der Lärm der tosenden Wellen übertönte das Rufen unseres Lehrers.

| | | | |
|---|---|---|---|
| ☐ Fehler | 0 – 4 Fehler<br>Super! | 5 – 13 Fehler<br>In Ordnung! | mehr als 13 Fehler<br>Bitte noch einmal üben! |

## Subjekt und Prädikat erkennen

Unterstreiche Subjekt und Prädikat. Schreibe die richtige Bezeichnung für diese Satzglieder darunter.

Die Brüder Lilienthal beobachteten jahrelang Störche und I

*Nomen Verb Substantiv* III

Bussarde. 1891 flog Otto Lilienthal mit seinem Hängegleiter II

*Substantiv Verb Nomen Substantiv* IIII

eine Distanz von 25 Metern. Auf diesen Flug folgten noch III

*Nomen Substantiv Nomen Verb* IIII

### Regeln

1. **Satzglieder sind keine Wortarten**. Bei Wortarten geht es um das einzelne Wort, bei den **Satzgliedern** um die **Bausteine** eines Satzes. Diese Bausteine bestehen aus einem oder mehreren Wörtern.
   **Beispiel:** *Otto und Gustav Lilienthal flogen mit ihrem Hängegleiter mehr als 2000 Mal.*
   *Satzglieder: Otto und Gustav Lilienthal ▪ mit ihrem Hängegleiter ▪ flogen ▪ mehr als 2000 Mal*

2. Vorsicht bei der Benennung der Satzglieder: Die Begriffe **Nomen/Substantiv** und **Verb** bezeichnen Wortarten. Die Begriffe **Subjekt** und **Prädikat** benennen Satzglieder.
   **Beispiel:** *„Otto und Gustav Lilienthal" ist das Subjekt des Satzes, das aus den Nomen „Otto, Gustav, Lilienthal" und der Konjunktion „und" besteht.*

3. Das Subjekt bezeichnet, über wen oder was der Satz etwas aussagt. Mit **wer oder was?** kannst du das Subjekt erfragen.
**Beispiel:** *Frage: Wer oder was flog mit dem Hängegleiter mehr als 2000 Mal? Antwort: Otto und Gustav Lilienthal.*

4. Das **Prädikat** drückt aus, was geschieht. Mit **Was geschieht? Was tut er/sie/es?** kannst du das Prädikat erfragen. Das Prädikat kann aus **mehreren Teilen** bestehen.
**Beispiele:** *Was taten Otto und Gustav Lilienthal?*
*Antwort: Sie **flogen**. **Flogen** ist das Prädikat.*
*Er **hebt** mit dem Flugzeug **ab**. Hier besteht das Prädikat aus den beiden Wörtern **hebt** und **ab**. Das Prädikat bildet eine **Satzklammer**.*

## Übungen

**1** In den Lücken fehlen die Subjekte. Schreibe sie hinein und benutze dazu die Wörter aus dem Wortvorrat.

**die Engländer John Alcock und Arthur Whitten Brown ▪ mutige Piloten ▪ der Franzose Louis Blériot ▪ der Flug ▪ Brown ▪ einer der Motoren**

**Pioniere der Luftfahrt**

Immer wieder versuchten (1) ____________________, Einzelrekorde aufzustellen. 1909 überquerte (2) ____________________________________ in einem Eindecker den Ärmelkanal zwischen Frankreich und Großbritannien. Gleich nach dem ersten Weltkrieg versuchten (3) ___________ ______________________________________________ mit einem zweimotorigen Flugzeug den Atlantik zu überqueren. Unterwegs vereiste (4) ____________________________. (5) ______________ kletterte in der Finsternis aus dem Cockpit und brach das Eis vom Vergaser ab. (6) ________________ konnte weitergehen.

**2** Unterstreiche die Subjekte schwarz (und falls du auch schon die Prädikate üben möchtest, die Prädikate in einer zweiten Farbe).

**Tipp** | Ein Subjekt kann aus mehreren Wörtern bestehen.

**Segelflugzeuge**

Segelflugzeuge können lautlos am Himmel schweben. Sie brauchen dazu keinen Motor. Vielmehr benutzen die eleganten, schlanken Flugzeuge dazu warme, aufsteigende Luft. Diese Luft nennt man Thermik. Der Pilot eines Segelflugzeuges muss diese Thermik ausfindig machen. Manchmal beobachtet er dazu Vögel. Nur für den Start sind Segelflugzeuge auf fremde Hilfe angewiesen. Manchmal findet der Pilot keinen Aufwind mehr. Dann muss er rasch einen geeigneten Platz für die Landung finden. Eine Wiese oder ein Acker ist dafür besonders gut geeignet. Die sogenannten Motorsegler haben einen kleinen Motor und einen Propeller. Dieser Antrieb hilft beim Start und bei mangelndem Auftrieb.

**3** Setze das passende Prädikat in die Lücken ein. Benutze dazu die Wörter aus dem Wortvorrat.

**führt ▪ zeigen vor ▪ kann beginnen ▪ erfolgt ▪ steigen ein ▪ sind ▪ erhalten ▪ müssen ▪ sein ▪ begeben ▪ geben auf ▪ bleibt**

**Eine Reise mit dem Flugzeug**

Bei einer Reise mit dem Flugzeug ________________ wir mindestens eine Stunde vor dem Abflug am Flughafen ________________. Am Check-in Schalter ________________ wir unser Ticket ______________.

Dort ______________ wir unsere Sitzplatznummer. Dann ______________ wir unsere großen Gepäckstücke ______________. Meistens ______________ dann noch Zeit für einen Einkaufsbummel. Eine halbe Stunde vor Abflug ______________ der Aufruf zum Einsteigen. Wir ______________ uns zu unserem Gate. Dort ______________ wir in das Flugzeug ______________. Eine freundliche Stewardess ______________ uns zu unseren Plätzen. Nun ______________ der Flug ______________. Manche Passagiere ______________ etwas aufgeregt.

**4** Bilde mit den Verben Sätze. Unterstreiche dann die Subjekte und kreise die Prädikate ein.

**gewinnen ▪ vorzeigen ▪ erleben ▪ zurückkommen ▪ ankleben ▪ duften ▪ davonlaufen ▪ einpflanzen ▪ schlafen ▪ nennen**

______________________________________________

______________________________________________

______________________________________________

______________________________________________

______________________________________________

______________________________________________

______________________________________________

______________________________________________

______________________________________________

______________________________________________

______________________________________________

**5** Unterstreiche die Subjekte und kreise die Prädikate ein. Auch ein Prädikat kann aus mehreren Wörtern bestehen.

a) Etwa eine Stunde vor Abflug trifft sich die Besatzung des Flugzeugs zur Lagebesprechung.

b) Die Flugzeit von Frankfurt bis New York wird wahrscheinlich sieben Stunden betragen.

c) Die optimale Flugroute führt über Grönland hinweg.

d) Meistens steuert ein Autopilot anstelle der Besatzung das Flugzeug.

e) Oft muss der Kapitän des Flugzeugs eine wichtige Entscheidung in Bruchteilen von Sekunden fällen.

f) Die Fluglotsen teilen den Piloten den richtigen Abstand der Flugzeuge beim Start und bei der Landung mit.

g) Die Piloten können mit einem Flugsimulator Notsituationen üben.

h) Am Himmel fliegen die Verkehrsflugzeuge sogenannten Luftstraßen entlang.

i) Vor dem Start kontrolliert die Besatzung des Cockpits das Fahrwerk.

j) Bei schlechtem Wetter kann ein Flug über den Atlantik ziemlich turbulent werden.

## Fehler-Check

**Unterstreiche die Subjekte und kreise die Prädikate ein.**

**Der Traum vom Fliegen**

Schon immer träumten die Menschen vom Fliegen. Ein griechischer Mythos erzählt von Dädalus und seinem Sohn Ikarus. Dädalus und Ikarus lebten auf Kreta in Gefangenschaft. Eine Flucht über Land war unmöglich. So wollten die beiden durch die Luft flüchten. Der Erfinder und Baumeister Dädalus baute dazu Flügel aus Vogelfedern. Die kunstvollen Flügel waren mit Wachs verklebt. Bei der Flucht flog Ikarus viel zu hoch. Der junge Mann war vom Fliegen ganz berauscht. So kam er der Sonne zu nahe. Das Wachs seiner Flügel schmolz. Die Flügel fielen in Windeseile auseinander. Ikarus stürzte ins Meer. Die Warnungen seines Vaters hatten leider nichts genutzt.

| ☐ Fehler | 0 – 3 Fehler | 4 – 10 Fehler | mehr als 10 Fehler |
|---|---|---|---|
| | Super! | In Ordnung! | Bitte noch einmal üben! |

## Subjekt und Prädikat müssen zusammenpassen!

*Mein Vater und ich war schon einmal im Urlaub an der Ostsee.* |

*Dort lockt weite Strände. Einmal gingen wir zu einer Wattwanderung.* |

*Eine Gruppe von Leuten standen schon da.* |

*Alle warteten auf den Führer. Er und sein Assistent kam zu spät.* |

### Regeln

Das Subjekt bedingt das Prädikat. Beide müssen im Numerus (also in Ein- oder Mehrzahl) zusammenpassen. Dazu musst du auf die Verbform im Prädikat achten.

1. Steht das Subjekt im **Singular,** so steht das Verb im Prädikat auch im Singular.
   **Beispiel:** ***Der Tourist*** *konnte kein Deutsch.*
2. Steht das Subjekt im **Plural,** so steht das Verb im Prädikat ebenso im Plural.
   **Beispiel:** *Die* ***Touristen*** *konn**ten** kein Deutsch.*
3. Bei Reihungen mit **und** handelt es sich auch um einen Plural, weil es mehr als eine Person oder mehr als eine Sache ist.
   **Beispiel:** ***Jutta und Birgit*** *wa**ren** auch dabei.*
4. Bei Reihungen mit **oder** richtet man sich nach den einzelnen Nomen im Subjekt.
   **Beispiel:** ***Jutta*** *oder* ***Birgit*** *wird kommen.*
   Hier stehen beide Nomen im Singular.
   **Aber Achtung:** ***Jutta*** *oder* ***ihre Schwestern*** *wer**den** kommen.*
   Hier steht ein Nomen im Plural, und danach richtet sich die Verform.

**Tipp** | Vorsicht bei **Sammelbezeichnungen oder Mengenangaben.** Sie sind meistens im **Singular:** ***Ein Haufen*** *Leute* ***war*** *da.* ***Die Mehrheit*** *der Mädchen* ***trägt*** *Jeans.* ***Ein Dutzend*** *Eier* ***fiel*** *herunter.*

## Übungen

**1** Entscheide, ob die folgenden Subjekte im Singular oder Plural stehen und ordne sie in die Tabelle ein.

**mein Freund ▪ mein Bruder und ich ▪ Janiks Schwestern ▪ eine Anzahl Bücher ▪ ihre Mutter oder ihr Vater ▪ eine Gruppe von Schülern ▪ viele Leute ▪ die achte Klasse ▪ Mona oder die beiden Jungen ▪ der Himmel und das Meer**

| Singular | Plural |
|---|---|
| | |
| | |
| | |
| | |
| | |

**2** Bilde mit jedem Subjekt aus der Tabelle einen Satz. Unterstreiche die Prädikate.

______________________________________________

______________________________________________

______________________________________________

______________________________________________

______________________________________________

**3** Schreibe Prädikate in der richtigen Form in die Lücken. Benutze dazu den Wortvorrat.

**kommen ▪ herumliegen ▪ gehen ▪ ausreichen ▪ wohnen ▪ treffen ▪ vergessen ▪ haben ▪ bezahlen ▪ besuchen ▪ sollen ▪ machen ▪ kommen ▪ bestellen**

Viele Touristen ______________ die Nordsee. Ein großer Anteil ______________ aus Deutschland. Letztes Jahr ______________ meine Familie und ich dort Urlaub. Meine Tante und auch meine Großmutter ______________ mit. Eine Menge Leute ______________ also in unserem Ferienhaus. Gleich am ersten Tag ______________ meine kleine Schwester und ich zum Strand. Dort ______________ ein Haufen Strandgut ______________. Mein Vater und meine Mutter ______________ uns später in der Eisdiele. Ich ______________ ein gemischtes Eis und meine Schwester einen Nordseebecher. Meine Mutter oder mein Vater ______________ die Rechnung ______________. Aber beide ______________ ihr Geld in der Ferienwohnung ______________. Meine wenigen Münzen ______________ leider auch nicht ______________.

**4** Welches Subjekt passt mit welchem Satzende zusammen? Verbinde mit Linien.

| | |
|---|---|
| Pia und Sarah ☐ | ☐ kommt zu meinem Geburtstag. |
| Eine Menge Kuchen ☐ | ☐ fahren gemeinsam in den Urlaub. |
| Felix oder Jonathan ☐ | ☐ stürzten beide zu Boden. |
| Die Hälfte der Schüler ☐ | ☐ tanzen gerne Hip Hop. |
| Mein Freund und ich ☐ | ☐ war übrig geblieben. |
| Meine Geschwister ☐ | ☐ kam gestern zu spät. |
| Der Stürmer und der Verteidiger ☐ | ☐ haben ein gemeinsames Zimmer. |
| Eine Gruppe Jugendlicher ☐ | ☐ wurde beim Stehlen erwischt. |

**5** Finde für die Lücken ein passendes Prädikat.

a) Im Nationalpark Schleswig-Holsteinisches Wattenmeer ________________ viele Tier- und Pflanzenarten.

b) Eine Menge Besucher ________________ jedes Jahr hierher.

c) Die Stranddistel und der Strandhafer ________________ hier im Sommer.

d) Ebbe und Flut ________________ in regelmäßigen Abständen.

e) Eine Gruppe von Seehunden ____________ auf den Sandbänken.

f) Viele Fischarten ________________ in den Gewässern.

g) Ein Boot oder eine kleine Fähre ________________ uns zur nächsten Insel.

h) Eine Wattwanderung ________________ bei den Touristen sehr beliebt.

## Fehler-Check

**Schreibe die fehlenden Prädikate in die Lücken. Verwende dazu Wörter aus dem Wortvorrat.**

**haben ▪ sinken ▪ sinken ▪ stehen ▪ gehen ▪ sein ▪ wandern ▪ haben ▪ müssen ▪ lachen**

Mit dem Führer ________________ wir über das Watt. Mein Vater und ich ________________ nebeneinander. Plötzlich ________________ mein Vater und ein anderer Tourist bis zu den Knien in ein Schlickloch. Die beiden ________________ ganz schwarze Beine. Der Junge neben mir und ich ________________ Glück. Wir ________________ nicht ein. Eine Gruppe von Leuten ________________ um meinen Vater herum und musste lachen. Ein Haufen Schlick ________________ auch in seinen Gummistiefeln. Mein Vater und ich ________________ auch ________________.

| | | | |
|---|---|---|---|
| ☐ Fehler | 0 – 1 Fehler<br>Super! | 2 – 3 Fehler<br>In Ordnung! | mehr als 3 Fehler<br>Bitte noch einmal üben! |

## Objekte erkennen und richtig anwenden!

*Viele Menschen machen sich keine Gedanken von dem Treibhauseffekt. Sie übersehen dem großen Schaden, der angerichtet wird. Der Treibhauseffekt hat Auswirkungen auf das Weltklima. Die Erderwärmung schadet den Zusammenspiel von Regen und Wachstum. Durch zu viel Regen und zu wenig Sonne im Sommer wird das Wachstum von dem Getreide eingeschränkt.*

## Regeln

1. **Ich sehe.** Wenn du diesen Satz liest, so wirst du wahrscheinlich das Gefühl haben, dass diesem Satz etwas fehlt. Dabei besteht der Satz aus Subjekt und Prädikat. Damit wäre er eigentlich ein vollständiger Satz. **Ich sehe das verletzte Kind.** Besser?
   Wir können also sagen, dass es Prädikate gibt, die nach Ergänzungen (den sogenannten Objekten) verlangen, damit der Satz vollständig ist oder sich der Inhalt besser erschließt. Nach den Objekten kann man fragen. So findet man heraus, um welches Objekt es sich handelt.
2. Fragt man **wen?** oder **was?**, handelt es sich um ein **Akkusativobjekt.**
   **Beispiel:**
   *Nina malt ...*
   *Wen oder was malt Nina?*
   *Nina malt* ***einen Hund.***
3. Fragt man **wem?** oder **was?**, handelt es sich um ein **Dativobjekt.**
   **Beispiel:**
   *Ben droht ...*

*Wem oder was droht Ben?*
*Ben droht **seinem Mitschüler**.*

4. Fragt man **wessen?** handelt es sich um ein **Genitivobjekt**.
   **Beispiel:**
   *Der Verbrecher wurde ... überführt.*
   *Wessen wurde der Verbrecher überführt?*
   *Der Verbrecher wurde **des Diebstahls** überführt.*

5. Verwendet man bei der Frage präpositionale Fragewörter wie **worüber? an wen? woran? mit wem?** handelt es sich um ein **Präpositionalobjekt**.
   **Beispiel:**
   *Lisa schreibt einen Brief ...*
   *An wen schreibt Lisa einen Brief?*
   *Lisa schreibt einen Brief **an ihre Tante**.*

## Übungen

**1** Vervollständige die Sätze. Schreibe die Frage nach dem Objekt in die Klammer und dazu, um welches Objekt es sich handelt. Verwende die Kürzel AO für Akkusativobjekt, DO für Dativobjekt, GO für Genitivobjekt und PO für Präpositionalobjekt.

Meine Mutter spricht ständig *vom Aufräumen* (von was? PO)

a) Der Bürgermeister dankte ______________________________.

(______________________)

b) Der Löwe sieht ______________________________.

(______________________)

c) Dein neues Kleid gefällt ______________________________.

(______________________)

d) Amir wartet ______________________________.

(______________________)

e) Der Zauberer bediente sich ______________________________.

(______________________)

f) Der Einheimische zeigt __________________________________

(______________________) den Weg.

g) Das sieht man __________________________________________

(______________________) wirklich nicht an.

h) Mein Bruder besitzt _____________________________________.

(______________________)

**Tipp** In Übung 1 kam nur ein Genitivobjekt vor. Genitivobjekte werden nur selten verwendet. Hier einige Verben, die ein Genitivobjekt erfordern: *bedürfen, entbehren, harren, anklagen, sich (einer Sache) annehmen, sich entledigen, sich (seiner Stimme) enthalten.*

**2** Bestimme die unterstrichenen Objekte, indem du nach ihnen fragst. Schreibe dann das Kürzel (AO, DO, GO, PO) in die Lücke.

**Regenerative Energie**

In einer Projektwoche beschäftigten sich alle Schüler der Gesamtschule Herdorf mit dem Thema „regenerative Energie“ (1 ______). Die achte Klasse interessierte sich sehr für Solarenergie (2 ______). Sie besuchte eine andere Schule (3 ______). Diese hatte eine Solaranlage (4 ______), die ihr die Energie liefert. Diese Idee gefiel den Schülern (5 ______). Die Achtklässler wollten auch umweltfreundliche Energie (6 ______) für ihre Schule. Sie berieten sich zunächst mit ihrer Klassenlehrerin (7 ______). Dann besprachen sie sich mit dem Rektor (8 ______). Schließlich hatten sie einen Termin (9 ______) im

Rathaus. Der Bürgermeister stimmte der Idee (10 ______) zu.

Die Stadt beauftragte einen Handwerksbetrieb (11 ______).

Dieser unterstützte die Klasse (12 ______) bei ihrem Vorhaben.

Es bedurfte noch einiger Abklärungen (13 ______), dann konnte es los gehen. Im folgenden Sommer bauten die Schüler mit den Handwerkern die Sonnenkollektoren (14 ______) auf das Dach der Schule.

**3** Finde in diesem Schülertext über das Energiesparen die Objekte heraus. Schreibe sie sortiert nach Akkusativobjekt, Dativobjekt, Genitivobjekt und Präpositionalobjekt in dein Heft.

Die Haushalte sollten einmal über ihren Energieverbrauch nachdenken. Viele Menschen haben beispielsweise veraltete Kühlschränke. Diese fressen eine Menge Energie. Man kann mit einem Energieberater sprechen. Er weiß eine Menge Tipps zum Energiesparen. Energiefresser schaden nämlich der Umwelt und dem Geldbeutel. Wir haben uns nun eine neue Gefriertruhe gekauft. Diese erspart uns einiges Geld im Jahr. Viele Energiesparvorhaben scheitern an der Bequemlichkeit mancher Leute. Sie schalten oft nicht ihre elektronischen Geräte ab. Dieser Bequemlichkeit kann man aber entgegentreten. Es bedarf nur eines speziellen Gerätes. Dieses ist mit allen elektronischen Geräten in einem Raum verbunden und kann sie alle abschalten.

**4** Bilde mit den Verben aus dem Wortvorrat Sätze (mit Objekten). Unterstreiche die Objekte und schreibe in Klammern an das Ende des jeweiligen Objektes, um welche Objekte es sich handelt. Verwende die Kürzel AO, DO, GO und PO.

**sich streiten ▪ scheitern ▪ sich entledigen ▪ gefallen ▪ riechen ▪ bringen ▪ aufhören ▪ ähneln ▪ besitzen**

a) ______________________________________________

______________________________________________

b) ______________________________

______________________________

c) ______________________________

______________________________

d) ______________________________

______________________________

e) ______________________________

______________________________

f) ______________________________

______________________________

g) ______________________________

______________________________

h) ______________________________

______________________________

i) ______________________________

______________________________

**5** Setze passende Prädikate ein. Unterstreiche die Objekte und schreibe in die Klammern am Satzende die passenden Kürzel.

a) Maria ______________ ihrem Bruder. (__________)

b) „Los! ______________ endlich den Ball!“(__________)

c) „Du könntest mir ruhig beim Aufräumen ______________.“ (__________)

d) Meine Großeltern ______________ gerne von ihrer Kindheit. (__________)

e) Der Angeklagte wird des Diebstahls ______________. (__________)

f) Ich muss immer so lange auf den Bus ______________. (________)

g) Ich ______________ ihm (________) eine Geschichte. (________)

h) Die Lampe ______________ mich (________) 30 Euro. (________)

i) Ich ______________ nicht so viel Geld. (__________)

j) Wir ______________ über den Witz. (__________)

**Tipp** Nach manchen Prädikaten können auch zwei Objekte folgen. In Übung 5 ist dies bei den Sätzen g) und h) so.

## Fehler-Check

**Unterstreiche die Objekte und schreibe in die Klammer hinter jedem Satz das passende Kürzel.**

1. Wir erkundigten uns nach sparsameren Haushaltsgeräten.(______)
2. Eine neue Waschmaschine spart ziemlich viel Wasser. (______)
3. Wir folgten dem Rat des Energieberaters. (______)
4. Tim enthielt sich seiner Stimme. (______)
5. Meine Eltern ärgerten sich über die hohe Stromrechnung. (______)
6. Die Emissionen unserer Ölheizung schaden der Umwelt. (______)
7. Wir bringen den alten Kühlschrank zum Recyclinghof. (______)
8. Meine Familie staunte über den hohen Wasserverbrauch. (______)

| ☐ Fehler | 0 Fehler | 1 – 2 Fehler | mehr als 2 Fehler |
|---|---|---|---|
| | Super! | In Ordnung! | Bitte noch einmal üben! |

## Adverbiale Bestimmungen

Bestimme die Objekte!

Im letzten Monat bereiteten wir uns auf unsere Berufswahl vor. II

Zunächst besuchten wir das Arbeitsamt. I

Wegen einer Krankheit kam die Berufsberaterin an diesem Tag II

nicht zur Arbeit. So gingen wir enttäuscht zur Schule zurück. III

Immerhin nahmen wir uns einige Broschüren mit. I

### Regeln

1. **Adverbiale Bestimmungen** haben eine andere Funktion als Objekte. Der Satz ist auch ohne sie vollständig. Man braucht sie nur, um den Inhalt verständlicher zu machen. Mit der **Weglassprobe** kannst du sie bestimmen
   **Beispiel:** ***Zunächst*** *besuchten wir das Arbeitsamt. Wir besuchten das Arbeitsamt.*

2. **Objekte** dagegen beziehen sich direkt auf das **Prädikat**. Sie ergänzen das Prädikat. Ohne sie wäre der Satz oft unvollständig. Wenn du versuchst, sie wegzulassen, merkst du das.
   **Beispiel:** *Wir besuchten* ***das Arbeitsamt****. Wir besuchten ...?*

3. Es gibt folgende adverbiale Bestimmungen:

| Adverbiale Bestimmung | Frage | Antwort |
|---|---|---|
| des Ortes (lokale Adverbiale) | Wo? Wohin? Woher? | aus Hamburg, nach Hause |

| Adverbiale Bestimmung | Frage | Antwort |
|---|---|---|
| der Zeit (temporale Adverbiale) | Wann? Wie lange? Wie oft? | gestern, drei Stunden lang, häufig |
| der Art und Weise (modale Adverbiale) | Wie? Wie sehr? | fleißig, mit voller Kraft |
| des Mittels (instrumentale Adverbiale) | Womit? Wodurch? | mit der Maschine, durch viel Arbeit |
| des Grundes (kausale Adverbiale) | Warum? Wieso? | wegen der Kälte, trotz des schlechten Wetters |
| des Zwecks (finale Adverbiale) | Wozu? Mit welcher Absicht? | zur Belustigung |

## Übungen

1 Unterstreiche die adverbialen Bestimmungen, verwende dazu die Weglassprobe.

**Mein erster Praktikumstag**

Morgens bin ich schon total nervös und aufgeregt aus dem Bett gestiegen. Mein Vater hat mich pünktlich zur Firma gefahren. Dann bin ich reingegangen. Doch erst einmal stand ich am Eingang. Endlich kam eine Mitarbeiterin. Sie führte mich durch viele Gänge. Meine Betreuerin Nikki und ich setzten uns im Besprechungszimmer zusammen. Dort konnte ich Fragen stellen. Sie erklärte mir geduldig meine Arbeit. Mit der Zeit legte sich meine Aufregung. Nikki zeigte mir dann meine Arbeit am Computer. Ich musste mithilfe eines speziellen Programms Adresslisten aktualisieren.

**2** Finde heraus, um welche adverbiale Bestimmungen es sich bei den unterstrichenen Satzgliedern handelt. Stelle dazu die richtige Frage und benenne die adverbiale Bestimmung.

**Schlüsselqualifikationen**

a) Du kannst teamorientiert arbeiten.

________________________________________

b) Du arbeitest zuverlässig und verantwortungsbewusst für ein gemeinsames Ziel.

________________________________________

c) Du erledigst deine Aufgaben gewissenhaft.

________________________________________

d) Du kannst mehrere Wochen lang immer dasselbe erledigen.

________________________________________

e) Du legst täglich eine längere Strecke zwischen Arbeitsstelle und Wohnort zurück.

________________________________________

f) Du gehst mit Fantasie an Aufgaben heran.

________________________________________

**3** Bilde aus den kurzen Sätzen längere, indem du sie um adverbiale Bestimmungen ergänzt. Die Fragen helfen dir dabei. Schreibe in dein Heft.

| | |
|---|---|
| a) Nora arbeitet. | Wo? Womit? Wie lange? |
| b) Das Team trifft sich. | Wann? Wo? Aus welchem Grund? |
| c) Lukas freut sich auf sein Praktikum. | Warum? Wie sehr? |

d) Karen las die Infomappe. Wo? Wie oft? Wie?

e) Henrik bewarb sich. Wo? Wozu?

## Fehler-Check

**Unterstreiche die adverbialen Bestimmungen schwarz und die Objekte in einer zweiten Farbe. Denke daran: Adverbiale Bestimmungen kannst du mit der Weglassprobe erkennen.**

a) Deine Bewerbung solltest du am Computer mit einem Textverarbeitungsprogramm schreiben.

b) Verwende Fettdruck nur sparsam.

c) Für eine spätere Überarbeitung solltest du deine Texte unbedingt auf dem Computer oder einem Stick speichern.

d) Du solltest alle Unterlagen korrekt in eine Mappe einordnen.

e) Überprüfe deine Rechtschreibung gründlich.

f) Schreibe deinen Text verständlich und flüssig.

g) Benutze für deine Bewerbungsunterlagen einen großen Umschlag.

| | | | |
|---|---|---|---|
| ☐ **Fehler** | **0 – 2 Fehler** Super! | **3 – 7 Fehler** In Ordnung! | **mehr als 7 Fehler** Bitte noch einmal üben! |

## Attribute

Unterstreiche alle Objekte und adverbialen Bestimmungen.

Das Zimmer meines Bruders ist wieder einmal nicht aufgeräumt. I

Mein Bruder, der immer so unordentlich ist, lässt auch ständig I

seine Schuhe im Eingang liegen. Diese Unordnung im Eingang I

macht meine Eltern noch wahnsinnig.

### Regeln

Es gibt **Satzgliedteile**, die man leicht für Objekte oder adverbiale Bestimmungen halten kann, die **Attribute**. Daran erkennst du sie:

1. Man kann sie nicht einzeln verschieben, sondern nur gemeinsam mit dem Nomen, auf das sie sich beziehen. Sie sind also **kein eigenes Satzglied, sondern in Satzgliedern enthalten.**
   **Beispiel:** *Die Jacke **meines Großvaters** hängt im Schrank.*
   ~~*Meines Großvaters die Jacke hängt im Schrank.*~~
   ***Meines Großvaters** ist als Attribut ein Teil des Subjekts.*

2. Du kannst sie weglassen, sie sind für den Satz nicht notwendig.
   **Beispiel:** *Die Jacke hängt im Schrank.*

3. Es gibt folgende Formen von Attributen:
   **Adjektivattribut:** der *heiße* Tee
   **Genitivattribut:** der Tee *meiner Schwester*
   **Präpositionalattribut:** der Tee *in der Tasse*
   **Apposition:** Der Tee, *ein Geschenk meines Freundes*, war heiß.
   **Attributsatz:** Der Tee, *den ich mir gekauft habe*, schmeckt gut.

## Übungen

**1** Setze in die Lücken des Textes die passenden Attribute aus dem Wortvorrat ein.

**, die sich als Modell zur Verfügung stellten, ▪ attraktiven ▪ im Keller ▪ , eine besonders nette Kundin, ▪ erfahrenen ▪ modernen ▪ junge ▪ ihrer Ausbildung ▪ schmutzigen ▪ ihrer Mutter ▪ auf dem Boden**

Mara, eine ________ Auszubildende, arbeitet in einem ____________ Friseursalon. Eine Bekannte ________________ hatte ihr diesen ______________ Ausbildungsplatz vermittelt. Am Anfang schaute Mara den ______________ Friseurinnen zu. Später musste sie die Haare __________________________ wegfegen, die Pflegeprodukte sortieren und die ______________ Handtücher in die Waschmaschine __________________ stecken. Erst am Ende ___________________ __________ durfte sie gewissen Kundinnen ____________________ ______________________________________ die Haare schneiden. Frau Sezgin ____________________________________ wollte sich danach nur noch von Mara die Haare schneiden lassen.

**2** Unterstreiche in den Sätzen die Attribute. Benenne sie und kreise das Wort ein, auf welches sie sich jeweils beziehen.

Ein engagierter Automechaniker muss sich ständig weiterbilden.

*Adjektivattribut*

a) Alle Arbeiter im Team arbeiten Hand in Hand.

______________________________________________

b) Herr Nagl, ein strenger Chef, nimmt alles sehr genau.

______________________________________________

c) Der Kunde möchte ein sicheres Auto.

______________________________________________

d) Das Auto, das eine Blechschaden hatte, haben wir schon repariert.

______________________________________________

e) In modernen Autos steckt viel Elektronik.

______________________________________________

f) Gestern durfte ich die Arbeit meines Meisters übernehmen.

______________________________________________

g) Die Zufriedenheit der Kunden ist uns sehr wichtig.

______________________________________________

h) In meiner Freizeit mache ich meine Vespa, ein Erbstück, wieder flott. ______________________________________________

i) Die Schläuche im Motorraum wurden von einem Marder zerbissen.

______________________________________________

**Tipp** | Wenn du die adverbialen Bestimmungen und Attribute weglässt, bleibt immer noch ein korrekter, aber knapper Satz übrig.

**3** Sind die unterstrichenen Satzglieder Objekte, adverbiale Bestimmungen oder Attribute? Schreibe sie geordnet in dein Heft. Achtung! Die Attribute „verstecken“ sich meistens in einem der Satzglieder.

Ein korrekter Lebenslauf ist wichtig <u>für eine gute Bewerbung</u>. <u>Knapp und übersichtlich</u> wird er <u>in tabellarischer Form</u> erstellt. <u>Durch den Lebenslauf</u> erhält die Firma <u>einen kurzen Überblick über den Bewerber</u>. <u>Im Lebenslauf</u> schreibt man <u>zunächst</u> <u>über seine familiären Umstände</u>. Der zweite Teil des Lebenslaufs beinhaltet <u>die Schulbildung</u>. <u>Schließlich</u> schreibt man <u>über spezielle Fähigkeiten und Kenntnisse und über seine Hobbys</u>. Der Lebenslauf ist nur mit einem

Foto, das freundlich und gepflegt wirkt, vollständig. An das Ende gehört eine Unterschrift. Natürlich sollte das Ganze mit dem Computer getippt sein.

## Fehler-Check

**Unterstreiche die adverbialen Bestimmungen schwarz und die Attribute in einer zweiten Farbe.**

In unserem Berufswahlunterricht sollten wir uns für einen Praktikumsplatz entscheiden. Ich blätterte all die Infomationsbroschüren, die wir vom Arbeitsamt mitgebracht hatten, durch. Dort gab es einen Test, eine Art Psychotest. Mithilfe dieses Testes kam ich zu dem Berufsbild „kreatives Gestalten". Der Bruder meiner Freundin ist Florist. Bei ihm könnte ich ein Praktikum absolvieren. Am nächsten Tag schrieb ich eine korrekte Bewerbung. In der folgenden Woche konnte ich mich schon vorstellen. Das Blumengeschäft, das modern gestaltet war, gefiel mir gut. Während meiner Praktikumszeit arbeitete ich dort zwei Wochen lang. Diesen kreativen und abwechslungsreichen Beruf möchte ich später erlernen.

| ☐ Fehler | 0 – 2 Fehler | 3 – 6 Fehler | mehr als 6 Fehler |
|---|---|---|---|
| | Super! | In Ordnung! | Bitte noch einmal üben! |

# 3 Sätze

## Hauptsätze von Nebensätzen unterscheiden

**Unterstreiche die Nebensätze!**

Man braucht zwei Reifenschläuche, ein großes Holzbrett, einen Bohrer und zwei kräftige Seile, um ein Floß zu bauen. Zuerst legst du die beiden Schläuche auf das Brett, aber du musst die Schläuche vorher aufpumpen. Du zeichnest die Umrisse mit dem Bleistift nach, und darum herum bohrst du einige Löcher in das Brett.

### Regeln

1. Ein Hauptsatz ist ein Satz, der **immer** für sich alleine stehen kann.
   **Beispiel:** *Ich esse gerne Eis.*

2. Manchmal werden Hauptsätze zu **Satzreihen** miteinander verbunden. Sie werden durch ein Komma oder Semikolon aneinandergereiht oder durch eine Konjunktion wie **und, oder, aber, darum, dennoch, deshalb, doch, trotzdem** miteinander verbunden.
   **Beispiel:** *Ich esse gerne Eis, Manuel isst gerne Schokolade.*
   *Ich esse gerne Eis und Manuel isst gerne Schokolade.*

3. Auch in der Satzreihe bleibt jeder Hauptsatz selbstständig und könnte auch für sich alleine stehen.
   **Beispiel:** *Ich esse gerne Eis. Manuel isst gerne Schokolade.*

4. Einen Nebensatz erkennst du an folgenden Merkmalen:
   – Er kann **nicht** für sich alleine stehen. Mit dem Hauptsatz zusammen bildet er ein **Satzgefüge**.
   **Beispiel:** *Ich esse gerne Eis, weil es so schön kalt ist.*
   ~~*Weil es so schön kalt ist.*~~

- Das finite (veränderte) Verb steht immer am Satzende des Nebensatzes.
  **Beispiel:** *..., weil es so schön kalt **ist**.*
- Bitte nur das finite Verb beachten, denn z. T. gibt es auch Verben im Infinitiv, die am Satzende eines Hauptsatzes stehen können.
  **Beispiel:** *Du **solltest** zuerst deine Hausaufgaben **machen**,*
  finites Verb – Hauptsatz – Verb im Infinitiv
  *bevor du aus dem Haus **gehst**.*
  Nebensatz – finites Verb
- Ein Nebensatz wird meistens durch eine Konjunktion eingeleitet.
  **Beispiel:** *...; **weil** es so schön kalt ist.*

5. Der Nebensatz kann **vor** dem Hauptsatz stehen, in ihn **eingefügt** sein oder **hinter** dem Hauptsatz stehen.
   **Beispiele:** ***Weil es so schön kalt ist,** schmeckt mir das Eis.*
   *Das Eis schmeckt mir, **weil es so schön kalt ist**.*
   *Das Eis, **das so schön kalt ist,** schmeckt mir.*

## Übungen

**1** Verbinde die Hauptsätze miteinander. Verwende dazu Konjunktionen. Bei einem Satz musst du die Satzglieder umstellen. Schreibe die Satzgefüge in dein Heft.

a) Beim Zelten sollte man auf eine gute Ausrüstung achten. Mit einer schlechten Ausrüstung kann man schnell Überraschungen erleben.

b) Ein gutes Zelt ist etwas teurer. Dafür bleibt es länger intakt.

c) Besonders wichtig ist die Wasserdichte. Auch die Stabilität ist wichtig.

d) Für eine gute Beratung geht man in ein Sportgeschäft. Man lässt sich von einem erfahrenen Freund ein gutes Zelt empfehlen.

e) Oft steht man nach dem Auspacken hilflos vor all den Stangen und Heringen. Vor dem ersten Zeltausflug sollte man das Zelt schon einmal aufgestellt haben.

**2** Unterstreiche die Nebensätze.
Beachte, dass sie an verschiedenen Stellen innerhalb des Satzgefüges stehen können.

a) Ich besuche einen Kletterkurs, weil ich Klettern schon lange lernen wollte.
b) Bevor du alleine in den Urlaub fahren willst, solltest du erst einmal Geld verdienen!
c) Nachdem ich von meinem Outdoor-Wochenende zurückgekommen war, musste ich erst einmal baden.
d) Es ist wichtig, dass alle auf die Anweisungen des Bergführers hören.
e) Damit man sich nicht verläuft, sollte man vor einer Wanderung genau die Wanderkarte studieren.

**Tipp** Nicht immer steht der Hauptsatz in der Reihenfolge Subjekt–Prädikat–(Objekt). Manchmal steht das Prädikat am Anfang des Satzes, wie es bei Fragesätzen der Fall ist:
**Beispiel:** *Kommt Jana heute später?*
Auch in einer Satzreihe kann der Hauptsatz so aufgebaut sein.
**Beispiel:** *Janas Mutter hat verschlafen, deshalb kommt Jana heute später.*

**3** Unterstreiche die Hauptsätze schwarz und die Nebensätze in einer zweiten Farbe.

**Wie man eine Feuerstelle errichtet**

Eine Feuerstelle sollte trocken sein, aber sie sollte nicht zu nahe an Bäumen sein. Mit dem Spaten gräbt man eine passende Grube, die ungefähr 15 Zentimeter tief sein sollte. Um den Rand der Grube legt man Steine, damit das Feuer sich nicht ausbreiten kann. Dann sucht man Holz, das natürlich trocken sein sollte. Zum Anzünden braucht man trockenes Material wie Reisig, Holzspäne oder Papier, deshalb sollte man etwas Zeitung dabei haben. Bevor man die Feuerstelle wieder verlässt, wartet man, bis das Feuer wieder ausgeht. Mit Wasser kann man das Feuer schnell löschen und am Ende schüttet man zur Sicherheit Erde darüber.

## Fehler-Check

**Unterstreiche die Hauptsätze schwarz und die Nebensätze in einer zweiten Farbe.**

Manchmal ist man mehrere Tage in der Natur unterwegs und man findet vielleicht keinen geeigneten Schlafplatz. Dann ist es gut zu wissen, wie man ein Notzelt aufbaut. Für ein Notzelt sollte man einige Dinge, die man auch sonst gut gebrauchen kann, im Rucksack haben. Du solltest eine Rettungsdecke, ein Seil und ein paar Heringe dabei haben oder du kannst dir statt der Heringe auch mit Steinen behelfen. Du spannst ein Seil zwischen zwei Bäume. Darüber hängst du die Rettungsdecke, die du mit den Heringen oder Steinen am Boden befestigst. Falls du noch eine zweite Rettungsdecke hast, kannst du diese als wärmende Unterlage auf den Boden legen.

| | | | |
|---|---|---|---|
| ☐ Fehler | 0 – 1 Fehler<br>Super! | 2 – 5 Fehler<br>In Ordnung! | mehr als 5 Fehler<br>Bitte noch einmal üben! |

## Schwierige Satzgefüge

Unterstreiche Hauptsätze und Nebensätze unterschiedlich.

Jeanne d'Arc wurde 1411 in Frankreich geboren, als in Frankreich gerade ein Bürgerkrieg statt fand.

Als Jeanne ungefähr elf Jahre alt war, hörte sie zum ersten Mal „die Stimmen", von denen sie später im Prozess erzählte, der ihr vor ihrem Lebensende gemacht wurde.

### Regeln

Es gibt auch Satzgefüge mit mehreren Nebensätzen. Man nennt sie komplexe Satzgefüge.

1. Die Nebensätze können vom Hauptsatz abhängen. Nebensatz 1 und Nebensatz 2 hängen vom Haupsatz ab:
   **Beispiel:** *Jonas, der Klassenbester in Mathe ist, war sehr erstaunt,* (Nebensatz 1: der Klassenbester in Mathe ist)
   *als er seine schlechte Klassenarbeit zurück bekam.* (Nebensatz 2)
2. Die Nebensätze können von einem anderen Nebensatz abhängen. Nebensatz 2 hängt von Nebensatz 1 ab:
   **Beispiel:** *Jonas war sehr erstaunt,*
   *als er seine schlechte Klassenarbeit zurückbekam,* (Nebensatz 1)
   *bei der er solch ein gutes Gefühl gehabt hatte.* (Nebensatz 2)
3. Mehrere Nebensätze können auch hintereinander gereiht werden.
   **Beispiel:** *Wenn Jonas in Aufgabe 1 genauer geschaut hätte,* (Nebensatz 1)
   *wenn er nicht gleich am Anfang einen Rechenfehler gemacht hätte* (Nebensatz 2)

*und wenn er nicht die letzte Aufgabe übersehen hätte,*
Nebensatz 3
*wäre das Ergebnis viel besser ausgefallen.*

## Übungen

**1** Fülle die Lücken passend.

**an dem immer so viele Schüler einkauften ▪ weil ich soviel Geld besaß ▪ das mir meine Oma zu Weihnachten geschenkt hatte ▪ weil dort ein neues Haus gebaut werden sollte ▪ mir damit die neue Hose zu kaufen ▪ auf die meine Klassenkameraden sicher neidisch sein würden**

a) ______________________________, __________________

______________________________________________,

beschloss ich, ______________________________________,

______________________________________________

______________________________________________.

b) Der Kiosk am Ende der Straße, ____________________

____________________, musste schließen, ______________

______________________________________________

**2** Unterstreiche die Hauptsätze schwarz und die Nebensätze in einer zweiten Farbe. Wähle für unterschiedliche Nebensätze verschiedene Arten der Unterstreichung. Achte darauf, dass die Hauptsätze auch aufgeteilt sein können.

Kleopatra wurde, als sie gerade einmal 18 Jahre alt war, gemeinsam mit ihrem Bruder zur Herrscherin über Ägypten, das bis dahin von ihrem Vater beherrscht wurde. Ihre Herrschaft dauerte nur drei Jahre, weil sie wegen Intrigen, die die Berater ihres Bruders in Gang gesetzt hatten, vom Thron vertrieben wurde. Später, als Cäsar in Ägypten landete, nutzte Kleopatra diese Chance, um durch ihn wieder zur Herrschaft über ihr Land zu gelangen. Cäsar ließ sich von ihrer Klugheit und ihrem Charme gefangen nehmen, denn Kleopatra war sehr gebildet, da sie fließend neun Sprachen beherrschte. Die beiden wurden Verbündete und ein Liebespaar. Cäsar führte die Vermittlungen mit Kleopatras Bruder so, dass Kleopatra wieder als wahre Herrscherin Ägyptens galt. Dies war auch ein Vorteil für Cäsar, da er sich nun sicher sein konnte, dass Ägypten fortan auf der Seite Roms stehen würde.

**Tipp** Denke daran, dass die Nebensätze durch ein Komma von den Hauptsätzen abgetrennt werden. Auch aufeinanderfolgende Nebensätze werden durch ein Komma voneinander getrennt.

**3** Setze die fehlenden Kommas.

a) Unser Rathaus das im Jahre 1790 gebaut wurde wird renoviert damit es zur 500-Jahr Feier unserer Stadt wieder in frischem Glanz erstrahlt.

b) Obwohl mich meine Freunde gewarnt hatten ging ich trotzdem in die neue Disco weil ich wissen wollte ob die Musik dort wirklich so schlecht war wie alle behaupteten.

c) Die Wände meines Zimmers die ich rot gestrichen hatte gefielen mir überhaupt nicht mehr obwohl ich die Farbe erst seit zwei Monaten an meinen Wänden hatte.

d) Weil meine Mutter und alle meine Geschwister krank waren musste ich das ganze Wochenende lang den Haushalt führen sodass ich mich nicht mit meinen Freunden treffen konnte die im Jugendzentrum auf mich warteten.

e) Das Handy das ich mir von dem Geld gekauft hatte das ich mit meinem ersten Ferienjob verdient hatte wurde mir schon nach zwei Tagen geklaut als ich meine Tasche im Zug kurz unbeaufsichtigt ließ.

## Fehler-Check

**Unterstreiche die Hauptsätze schwarz und die Nebensätze in einer zweiten Farbe.**

Jeanne d'Arc vernahm diese Stimmen in ihrer Jugendzeit und sie war fest davon überzeugt, dass Gott ihr sagte, dass es ihre Aufgabe sei, Frankreich aus seiner Not zu erretten. Jeanne, die nur ein ungebildetes Dorfkind war, konnte tatsächlich zum Hof von Karl VII. vordringen. Sie bot ihm ihre Hilfe im Kampf gegen die Engländer an. Und so kam es, dass Jeanne d'Arc mit einer Rüstung, die extra für sie geschmiedet worden war, im Kampf um Orléans inmitten der Truppen war. Durch ihre Zuversicht und ihre bloße Anwesenheit stärkte sie den Siegeswillen der französischen Truppen, die die Engländer zur Aufgabe der Belagerung zwangen. So wurde aus einem ungebildeten Dorfkind, das solch einen starken Glauben hatte, die Jungfrau von Orléans, die von nun an als heilige Retterin Frankreichs galt.

| | | | |
|---|---|---|---|
| ☐ **Fehler** | **0 – 2 Fehler**<br>**Super!** | **3 – 8 Fehler**<br>**In Ordnung!** | **mehr als 8 Fehler**<br>**Bitte noch einmal üben!** |

## Adverbialsätze voneinander unterscheiden

Unterstreiche und benenne die Adverbialsätze.

Es ist nicht ganz klar, wann die olympischen Spiele zum ersten Mal statt gefunden hatten. (*Lokalsatz*) Weil die ersten Siegerlisten auf das Jahr 776 v. Chr. datiert sind, setzen manche Historiker dieses Datum als den Beginn der Spiele. (*Konzessivsatz*) Obwohl auch dies nicht ganz klar belegt werden kann, führen die aktuellen Forschungsergebnisse die olympischen Spiele auf kultische Feste zu Ehren von Zeus' Mutter zurück. (*Konsekutivsatz*)

### Regeln

1. Manche Nebensätze sind Adverbialsätze. Sie haben die Aufgabe, die **Umstände** des Geschehens im Hauptsatz näher zu erläutern. Ohne die Adverbialsätze würde oft eine wichtige Information fehlen.
   **Beispiel:** *Der Zug fährt verspätet. Der Zug fährt verspätet, weil ein umgestürzter Baum auf den Gleisen lag.*

2. Adverbialsätze stehen oft **anstelle einer adverbialen Bestimmung**. Man kann Adverbialsätze in eine adverbiale Bestimmung umformen und umgekehrt.
   **Beispiel:** *Wegen eines umgestürzten Baumes auf den Gleisen fährt der Zug verspätet.*

3. Es gibt **unterschiedliche Arten** von Adverbialsätzen.
   **Lokalsatz** (Ort): Der Weg beginnt dort, **wo die Bank steht.**
   **Temporalsatz** (Zeit): Ich warte auf dich, **während du in das Geschäft gehst.**
   **Modalsatz** (Art und Weise): **Wie ich es erwartet hatte,** kam er gleich zurück.

**Kausalsatz** (Grund): Ich nahm einen Schirm mit, **weil es regnen sollte.**
**Finalsatz** (Absicht, Zweck): Beeile dich, **damit du nicht zu spät kommst.**
**Konditionalsatz** (Bedingung): **Falls du an der Bäckerei vorbei kommst,** bring doch bitte ein Brot mit.
**Konsekutivsatz** (Folge): Der Weg war vereist, **sodass er ausrutschte.**
**Konzessivsatz** (Einschränkung, Einräumung): **Obwohl er an der Bäckerei vorbei kam,** brachte er kein Brot mit.

4. Adverbialsätze werden meistens durch eine **unterordnende Konjunktion** eingeleitet. **(weil, dass, obwohl, während ...)**

Die Tabelle gibt einen Überblick, wie man einen Adverbialsatz erfragen kann und welche Konjunktionen verwendet werden können.

| Adverbialsatz | Frage | Konjunktion |
|---|---|---|
| **Lokalsatz** | Wo? Wohin? | wo, wohin, woher |
| **Temporalsatz** | Wann? Wie lange? Seit wann? Bis wann? | als, während, bis, bevor, seit, sobald, wenn, nachdem |
| **Modalsatz** | Wie? Auf welche Art und Weise? | indem, ohne dass, dadurch, dass |
| **Kausalsatz** | Wieso? Weshalb? Warum? | weil, da |
| **Finalsatz** | Wozu? Zu welchem Zweck? | damit, auf dass |
| **Konditionalsatz** | Unter welcher Bedingung? | falls, wenn, sofern |
| **Konsekutivsatz** | Mit welcher Folge? Was folgt daraus? | sodass, dass, so ... dass |
| **Konzessivsatz** | Trotz welchem Umstand? Trotz welcher Einschränkung? | obwohl, obgleich, wenngleich |

## Übungen

**1** Setze in die Lücken eine passende Konjunktion. Schreibe in die Klammern, um welche Art von Adverbialsatz es sich handelt.

a) Petra wollte mit ihrer Freundin in die Stadt fahren, ______________ heute ein Konzert stattfinden sollte. (______________)

b) ______________ sie nicht laufen mussten, wollten sie den Bus nehmen. (______________)

c) ______________ Petras Freundin zu spät kam, verpassten die beiden den Bus. (______________)

d) Es war der letzte Bus gewesen, ______________ sie laufen mussten. (______________)

e) ______________ jemand etwas sagte, liefen die beiden nebeneinander her. (______________)

f) ______________ sie zur Stadt liefen, fing es an zu regnen. (______________)

g) Beide wurden ziemlich nass, ______________ sie einen Schirm dabei hatten. (______________)

h) ______________ Petras Freundin jemals wieder zu spät kommen würde, würde Petra alleine in den Bus steigen. (______________)

**2** Formuliere die unterstrichenen adverbialen Bestimmungen so um, dass ein Adverbialsatz entsteht.

<u>Trotz der Kälte</u> zog er keine Handschuhe an

*Obwohl es so kalt war, zog er keine Handschuhe an.*

a) Nach der Schule ging ich sofort nach Hause.

______________________________________________

b) Vor dem Installieren des Druckers sollte man die Gebrauchs-anleitung lesen.

______________________________________________

c) Durch Klicken auf den Link erhält man nähere Informationen.

______________________________________________

d) Wegen meines kaputten Fahrrads konnte ich nicht pünktlich in die Schule kommen.

______________________________________________

e) Bei Glatteis sollte man lieber nicht mit dem Auto fahren.

______________________________________________

f) Aufgrund der großen Hitze fällt der Unterricht heute aus.

______________________________________________

**3** Formuliere die unterstrichenen Adverbialsätze in eine adverbiale Bestimmung um.

a) Obwohl wir uns gute Schuhe angezogen hatten, bekamen wir nasse Füße.

______________________________________________

b) Weil meine Schwester Geburtstag hat, komme ich heute nicht zum Training.

______________________________________________

c) Wenn es stürmt, fährt das Schiff nicht ab.

______________________________________________

d) Nachdem er seine Arbeit beendet hatte, ging er ins Schwimmbad.

________________________________________________

e) Bevor du schlafen gehst, solltest du noch deine Medizin nehmen.

________________________________________________

f) Sie können die Helligkeit des Bildschirms beeinflussen, indem Sie auf „Bildschirmeinstellungen" klicken.

________________________________________________

**4** Unterschlängele die Adverbialsätze und umkreise die den Adverbialsatz einleitende Konjunktion. Schreibe in die Klammern, um welche Art von Adverbialsatz es sich handelt.

Obwohl Frauen bei den olympischen Spielen als Zuschauerinnen zugelassen waren, galt dies nur für unverheiratete Frauen. (________________). Wenn diese Regel missachtet wurde, drohte die Todesstrafe. (________________). Die Sportler bereiteten sich auf die Spiele vor, indem sie einige Zeit vor Spielbeginn das Trainingslager bezogen. (________________) Sobald der erste Vollmond nach der Sommersonnenwende erschienen war, begannen die olympischen Spiele mit einer Opferzeremonie. (________________) Bei den Wettkämpfen wurden keine Zeiten oder Distanzen gemessen, weil es nur auf den ersten Platz ankam. (________________) Manche Athleten wollten lieber sterben, falls sie Zweiter werden würden. (________________)

## Fehler-Check

**Unterstreiche die Adverbialsätze und schreibe in die Klammern, um welche Art von Adverbialsatz es sich handelt.**

Obwohl die olympischen Spiele als Sportereignis galten, hatten sie auch kulturell und politisch eine große Bedeutung. (__________________) Olympia war auch der Ort, wo das Volk, Politiker und Diplomaten aus allen Teilen der griechischen Welt zusammenkamen. (__________________) Damit Konflikte innerhalb Griechenlands friedlich gelöst werden konnten, wurde Olympia zum Symbol für innerstaatlichen Frieden. (__________________). Während die Spiele stattfanden, durfte nirgends Krieg geführt werden. (__________________) Menschen aller Schichten und Berufsgruppen nutzten diese Tage für sich, weil es hier gesellschaftliches Treiben gab. (__________________). Das Volk wurde neben den Wettkämpfen gut unterhalten, indem Theateraufführungen und Darbietungen stattfanden. (__________________). Damit mit diesen vielen Menschen ein reibungsloser Ablauf garantiert war, bedurfte es einer guten Organisation. (__________________) Auf dem Gelände gab es beispielsweise Bereiche, wo es einfache Zeltstädte für das gemeine Volk gab. (__________________)

| | | | |
|---|---|---|---|
| ☐ Fehler | 0 – 2 Fehler<br>Super! | 3 – 5 Fehler<br>In Ordnung! | mehr als 5 Fehler<br>Bitte noch einmal üben! |

## Subjektsätze und Objektsätze

Benenne die unterstrichenen Nebensätze.

<u>Dass die Jugendlichen sich den Spielplatz als Treffpunkt</u>

*Adverbialsatz* I

<u>ausgesucht haben</u>, stört viele Anwohner. Letzten Samstag war dort eine wilde Party, überall lagen zerbrochene Flaschen.

Eine empörte Anwohnerin meinte, <u>dass die Kinder sich an den Scherben schneiden könnten</u>.

*Adverbialsatz* I

### Regeln

1. Subjekt und Objekt sind Satzglieder. Einzelne Wörter oder Wortgruppen und **Nebensätze** können Subjekt oder Objekt sein.
   **Beispiel:** ***Ayse*** *liest ein spannendes Buch.* ***Ayse und ihre Freundin*** *lesen gerne spannende Romane.* ***Wer sich langweilt,*** *liest gerne ein spannendes Buch.*

2. Steht ein Nebensatz anstelle eines Subjekts (in der Funktion des Subjekts), so spricht man von **Subjektsatz.** Steht ein Nebensatz anstelle eines Objektes (in der Funktion des Objekts), so spricht man von **Objektsatz.**
   **Beispiel:** *<u>Die Verspätung</u> (Subjekt) ärgert mich. <u>Dass sich der Bus verspätet hat,</u> (Subjektsatz) ärgert mich.*
   *Ich glaube nicht <u>an Außerirdische</u> (Objekt). Ich glaube nicht, <u>dass es Außerirdische gibt.</u> (Objektsatz)*

3. Subjektsätze und Objektsätze kann man genauso **erfragen** wie die Satzglieder Subjekt und Objekt.
**Beispiel:** *Subjekt:* ***Wer das nicht glaubt,*** *ist selbst schuld.*
***Wer*** *oder* ***was*** *ist selbst schuld?*
*Objekt: Ich weiß,* ***dass du kommst.***
***Was*** *weiß ich?*

4. Subjektsätze und Objektsätze werden oft durch die Konjunktion **dass** oder durch Fragewörter eingeleitet. Einleitende Fragewörter für **Subjektsätze** können sein: **was? wie? wann? wer? ob?** Einleitende Fragewörter für **Objektsätze** können sein: **was? wen? wem? wie? ob?** Auch diese Art von Nebensätzen wird durch Komma vom Hauptsatz abgetrennt.
**Beispiele:** *Es tut mir leid,* ***dass*** *du traurig bist. (Subjektsatz)*
*Sie fragte mich,* ***wie*** *das Wetter wird. (Objektsatz)*

## Übungen

**1** Schreibe in die Lücken passende Subjektsätze.

a) Es macht mich nachdenklich, dass ______________________________

______________________________________________.

b) Es ärgert mich, dass ______________________________

______________________________________________.

c) Dass ______________________________, spielt keine Rolle.

d) Es ist mir schon klar, dass ______________________________

______________________________________________.

e) Ob ______________________________________________,

ist noch unsicher.

f) Wer ______________________________, soll sich bitte melden.

g) Wann ______________________________, weiß ich nicht.

h) Es erstaunt mich, wie ______________________________.

**Tipp**

**Vielleicht** *hast du bemerkt, dass das Pronomen* **es** *im Hauptsatz notwendig ist, wenn der Subjektsatz dem Hauptsatz folgt.*
*Der Subjektsatz beantwortet die Frage nach dem* **es.**
***Beispiel: Es*** *freut ihn. Frage:* ***Was*** *freut ihn? Antwort: Es freut ihn,* ***dass heute schulfrei ist.***

**2** Bilde aus den unterstrichenen Subjekten Subjektsätze. Von a) bis c). sollten die Subjektsätze dem Hauptsatz vorangehen, ab d) sollen sie dem Hauptsatz folgen.
Deine Motivation freut mich.
Dass du motiviert bist, freut mich.

a) Eine Fortsetzung der Serie ist noch ungewiss.

___

___

b) Das Bestehen der Prüfung macht ihn stolz.

___

___

c) Das Gerede der Leute ist mir doch egal.

___

___

d) Dein Fortbleiben hat mich geärgert.

___

___

e) Der schöne Gesang des Chores gefällt mir.

___

___

**3** Schreibe in die Lücken passende Objektsätze

Ich sehe, dass ______________________________

Er scheiterte daran, dass ______________________________

Sie verheimlichte nicht, wen ______________________________

Ich fragte, ob ______________________________

Meine Schwester weiß, dass ______________________________

______________________________

Du solltest bedenken, dass ______________________________

Ich wundere mich nicht mehr darüber, dass ______________________________

______________________________

Es lag ihm viel daran, dass ______________________________

______________________________

**Tipp**

In den letzten beiden Sätzen erfüllen die Wörter **darüber** und **daran** eigentlich schon die Funktion eines Objekts. Sie verweisen auf den Nebensatz, der die Frage nach dem Objekt genau beantwortet.

**Beispiel:** *Er wettete* ***darum****. Frage:* ***Worum*** *wettete er?*

*Antwort: Er wettete darum,* ***dass er der Erste sein würde****.*

Weitere solche Wörter können sein: **es, darauf, daher, damit …**

**4** Bilde aus den unterstrichenen Objekten Objektsätze.

Sie glaubt nicht an das Gehörte.

Sie glaubt nicht daran, was sie gehört hat.

a) Er besteht auf die Fortsetzung der Geschichte.

______________________________

______________________________

b) Paul befolgte den Ratschlag seiner Tante.

______________________________________________

______________________________________________

c) Sie roch sofort das angebrannte Essen.

______________________________________________

______________________________________________

d) Der Lehrer sah leider die abgeschriebene Hausaufgabe.

______________________________________________

______________________________________________

e) Ich hörte das von ihr Gesagte.

______________________________________________

______________________________________________

f) Mein Vater befürchtet das Unvermeidliche.

______________________________________________

______________________________________________

## Fehler-Check

**Unterstreiche die Subjektsätze schwarz und die Objektsätze in einer zweiten Farbe. Vorsicht! Nicht jeder Nebensatz ist ein Subjekt- oder Objektsatz.**

**Auf der Suche nach einem neuen Jugendzentrum**

Das Jugendzentrum, das im alten Güterbahnhof untergebracht war, musste einem Neubaugebiet weichen. Dass die Jugendlichen darüber erst so spät informiert wurden, ärgerte sie sehr. Sie hätten sich nämlich schon nach einer Alternative umschauen können, wenn sie früher Bescheid gewusst hätten. So dachten sie nur, dass sich niemand wirklich für sie interessiert. Der Bürgermeister lud die Jugendlichen allerdings bald darauf zu sich ein, um sich zu entschuldigen. Er beteuerte, dass er gemeinsam mit den Jugendlichen nach einer Alternative suchen wolle. Es beruhigte die Jugendlichen, wie sie in ihrem Anliegen ernst genommen wurden. Gemeinsam mit ihrem Sozialarbeiter überlegten sie, wo sie ein neues Jugendzentrum finden sollten. Sie hofften, dass sie irgendwo ein leer stehendes Haus finden könnten. Schließlich fanden sie ein altes Fabrikgebäude, das der Stadt gehörte. Der Bürgermeister hatte nichts dagegen, dass dort ein neuer Jugendtreff aufgemacht werden sollte.

| | | | |
|---|---|---|---|
| ☐ Fehler | 0 – 1 Fehler<br>Super! | 2 Fehler<br>In Ordnung! | mehr als 2 Fehler<br>Bitte noch einmal üben! |

## Das dass-Problem

Bestimme die Nebensätze.

Es enttäuscht mich, dass du nicht mitkommen möchtest.
(*Subjektsatz*)

Es regnete so fest, dass ich ganz nass wurde. (*Subjektsatz*)

Hast du daran gedacht, mir Brot mitzubringen? (*Objektsatz*)

Die Party war so langweilig, dass alle früher gingen. (*Objektsatz*)

### Regel

Da auch manche Adverbialsätze (**Konsekutivsatz/Folgesatz** und **Modalsatz)** mit **(so) ... dass** eingeleitet werden können, muss man genau fragen, um diese von Subjekt- oder Objektsätzen zu unterscheiden.

**Beispiele:** *Es schneite so, dass viele Autos stecken blieben.*
*Frage: Was folgte daraus? – Konsekutivsatz*
*Es war ärgerlich, dass viele Autos stecken blieben.*
*Frage: Was war ärgerlich? – Subjektsatz*

## Übungen

**1** Formuliere zu jedem Nebensatz eine Frage und schreibe in die Klammern, ob es sich um einen Adverbialsatz (A), einen Subjektsatz (S) oder einen Objektsatz (O) handelt.

a) Es freut mich, dass du kommst. (____)

Frage: ______________________________

b) Ich freue mich so sehr, dass ich Herzklopfen habe. (____)

Frage: ______________________________

c) Ich denke, dass ich kommen werde. (____)

Frage: ______________________________

d) Er sang so gut, dass alle im Saal Gänsehaut bekamen. (____)

Frage: ______________________________

e) Du solltest es so machen, dass niemand etwas merkt. (____)

Frage: ______________________________

f) Dass du so wenige Fehler hast, erstaunt mich nicht. (____)

Frage: ______________________________

g) Du hast ja so viel gelernt, dass der Test einfach gut werden musste. (____)

Frage: ______________________________

h) Er bestand darauf, dass ich ihm das Geld sofort geben sollte. (____)

Frage: ______________________________

**2** Unterstreiche die Subjektsätze schwarz, die Objektsätze in einer anderen Farbe und die Adverbialsätze ebenfalls mit dieser zweiten Farbe, aber mit einer Strichellinie.

a) Es ist doch toll, dass wir unseren Jugendraum nun nach unseren Vorstellungen gestalten können.

b) Die Jugendlichen hatten sich so engagiert um ihr Anliegen bemüht, dass der Bürgermeister positiv überrascht war.

c) Alle Beteiligten hoffen nun, dass die Jugendlichen verantwortungsvoll mit ihrem neuen Treffpunkt umgehen.

d) Dass wir in den Augen der Erwachsenen oft als faul und unmotiviert gesehen werden, ärgert mich.

e) Meine Eltern müssen sich nun nicht mehr darum Gedanken machen, dass wir abends am Bahnhof herumhängen.

f) Alle halfen so eifrig mit, dass der neue Jugendraum schneller als geplant fertig wurde.

g) Die Jugendlichen wollen sich bemühen, dass sie mit den neuen Nachbarn gut auskommen.

## Fehler-Check

**Unterstreiche die Subjektsätze schwarz, die Objektsätze in einer zweiten Farbe und die Adverbialsätze mit einer Strichellinie.**

Es ist kein Wunder, dass Jugendliche sich ihre eigenen Treffpunkte wie Bushaltestellen oder Parkanlagen suchen. Dass oft kein geeigneter Raum für sie zur Verfügung steht, finden sie sehr ärgerlich. Denn sie finden ja auch nicht toll, dass sie abends in der Kälte herumstehen müssen. Viele benehmen sich dann auch so daneben, dass hinterher überall Müll herum liegt. Die Anwohner fragen sich dann, wie das noch weitergehen soll. Sie machen sich einfach Sorgen. Die Lösung ist, dass man den Jugendlichen ein Jugendzentrum als Treffpunkt anbietet. Dass es den meisten Jugendlichen gefallen sollte, ist klar. Viele Jugendzentren sind oft so ungemütlich, dass kaum jemand hingeht. Die Stadt sollte bedenken, dass man bei der Konzipierung und Gestaltung eines Jugendzentrums alle Beteiligten mit einbeziehen sollte.

| | | | |
|---|---|---|---|
| ☐ Fehler | 0 – 1 Fehler<br>Super! | 2 – 3 Fehler<br>In Ordnung! | mehr als 3 Fehler<br>Bitte noch einmal üben! |

## Attributsätze (Relativsätze)

Bestimme die unterstrichenen Nebensätze.

Man kann im Frühling Brennnesselblätter, die noch klein und zart sind, *(Adverbialsatz)* im Salat essen. Auch ein Tee, den man aus getrockneten Brennnesselblättern zubereiten kann *(Adverbialsatz)*, hat eine sehr heilsame Wirkung.

### Regeln

1. Du kennst **Attributsätze** schon aus dem Kapitel Attribute (Seite 62 ff). Attributsätze haben im Satz die Funktion eines Attributs. Sie bestimmen die **Nomen** oder **Pronomen** im Hauptsatz näher.
   **Beispiel:** *Der Hut meines Vaters liegt auf dem Schrank.*
   *Attribut*
   *Der Hut, der meinem Vater gehört, liegt auf dem Schrank.*
   *Attributsatz*

2. Attributsätze werden meistens durch ein **Relativpronomen** mit dem Hauptsatz verknüpft. Relativpronomen sind **der, die das, welcher, welche, welches ...**
   **Beispiel:** *Der Tee, **der** auf dem Tisch steht, ist heiß.*

3. Die Relativpronomen müssen dem Satz angepasst werden und stehen daher in **unterschiedlichen Fällen** (Nominativ, Genitiv, Dativ, Akkusativ).
   **Beispiel:** *Der Tee, ~~der~~ ich mir gekocht habe, ist heiß.*
   *Der Tee, **den** ich mir gekocht habe, ist heiß. (Akkusativ)*

4. Die Relativpronomen können auch gemeinsam mit einer **Präposition** stehen.
   **Beispiel:** *Der Tee, **auf den** ich mich so gefreut habe, schmeckt gar nicht.*

5. Der Anschluss an den Hauptsatz kann auch mit **was, weshalb, wie, woher, wo** gebildet werden.
**Beispiel:** *Das ist der Grund,* ***weshalb*** *ich mir diese Sorte nicht mehr kaufen werde.*
*Der Laden,* ***in dem*** *ich den Tee gekauft habe, ist in der Hauptstraße.*

**Tipp** | Vorsicht! Der letzte Satz ist nicht mit einem Lokalsatz oder Objektsatz zu verwechseln. Hier wird der Laden näher bestimmt. Bei einem **Lokalsatz** werden die Umstände näher erläutert: *Ich zeige dir später, wo du den Laden finden kannst.*

## Übungen

**1** Ergänze die Hauptsätze um einen Attributsatz.

a) Das Buch, ______________________________________________,
ist wirklich spannend.

b) Die Hausaufgaben, ______________________________________,
habe ich daheim vergessen.

c) Hast du meine Jacke gesehen, ____________________________?

d) Für den Aufsatz, _______________________________________,
bekam ich eine Zwei.

e) Das Auto, _____________________________________________,
hat einen Totalschaden.

**2** Schreibe in die Lücken die passenden Anschlusswörter.

a) Das Programm, ________________ ich meine Bilder bearbeiten wollte, funktioniert leider überhaupt nicht.

b) Der Urlaubsort, ________________ wir unsere Ferien verbracht haben, war ziemlich überfüllt.

c) Der Mann, ________________ ich nach dem Weg fragte, konnte mir leider auch nicht weiterhelfen.

d) Das Kätzchen, ____________ Besitzer nicht ausfindig gemacht werden konnte, wohnt immer noch bei uns.

e) Das neue Kleid, ______________ du heute trägst, steht dir wirklich gut.

f) Der Junge, __________________ du gestern geholfen hast, hat sich heute mit einem Bild bedankt.

g) Der Grund, __________________ ich dich sprechen wollte, ist folgender.

h) Mein Freund, ____________ ich solches Vertrauen gesetzt hatte, hat mich angelogen.

**3** Unterstreiche die Attributsätze und kreise das Nomen ein, auf das sie sich beziehen.

Der Lavendel, der in Europa vor allem in Südfrankreich angebaut wird, ist eine alte Heilpflanze. Die Menschen wussten schon immer um seine Heilkraft. So blieben die Arbeiter, die während des Mittelalters in den Lavendelfeldern arbeiteten, von der Pest verschont.

Besonders der Lavendel, der in hohen Lagen wächst, enthält viele Wirkstoffe. Man benutzte Lavendelwasser, um Wunden auszuwaschen und den Körper oder Kleider zu waschen. Lavendel wird auch heute noch zu Heilzwecken verwendet. Der Lavendel, mit dem man die beste Wirkung erzielt, wird als echter Lavendel, „Lavandula vera" bezeichnet. Es gibt kaum ein Leiden, gegen das Lavendel nicht helfen kann. Narben, die schlecht heilen, kann man mit Lavendelöl einreiben. Er bekämpft Viren und Bakterien, die beispielsweise eine Grippe oder Erkältung auslösen können. Auch auf die Psyche wirkt Lavendel.

**4** Verbinde die Hauptsätze so miteinander, dass ein Hauptsatz mit einem Attributsatz entsteht. Schreibe in dein Heft.

Das Buch ist ein Bestseller. Ich werde es mir morgen kaufen.
*Das Buch, das ich mir morgen kaufen werde, ist ein Bestseller.*

a) Der Film ist wirklich spannend. Mein Freund hat ihn mir geliehen.
b) Pfefferminzöl vertreibt Kopfschmerzen. Man reibt es sich auf die Stirn.
c) Den Kuchen habe ich selbst gebacken. Ich überrasche damit meine Mutter.
d) Der Weg führt zu der Berghütte. Er ist sehr abschüssig.
e) Ich habe den Mann gestern in der Stadt gesehen. Er entspricht dem Fahndungsfoto.
f) Das Mädchen hat mir gut gefallen. Ich weiß ihren Namen nicht.
g) Unser Lehrer ist sehr beliebt. Man kann viel von ihm lernen.

## Fehler-Check

**Unterstreiche die Attributsätze. Vorsicht! Es kommen auch andere Nebensätze vor.**

Die Kamille, die fast jeder kennt, ist eine sehr wirkunsvolle Heilpflanze. Die Orte, an denen man sie antreffen kann, sind Äcker, Wiesen und Wegesränder. Nur die „Echte Kamille“, deren Blütenboden hohl ist, besitzt die wertvollen Wirkstoffe. Die „Wilde Kamille“, mit der man die „Echte Kamille“ leicht verwechseln kann, besitzt diese Wirkstoffe nicht. Es ist am besten, wenn man die Blütenköpfe an einem sonnigen, trockenen Tag sammelt. Die Blüten kann man im Schatten, am besten auf einem Tuch, trocknen. Aus den getrockneten Blüten kann man einen Tee aufgießen, der bei Bauchschmerzen aller Art hilft. Man kann auch einen Dampf-aufguss bereiten, den man bei Erkältung anwenden kann. Der heilsame Dampf, der in die Nase steigt, beruhigt die gereizten Schleimhäute. Äußere Entzündungen kann man heilen, indem man Umschläge und Abwaschungen mit Kamillentee durchführt.

| | | | |
|---|---|---|---|
| ☐ Fehler | **0 Fehler** Super! | **1–2 Fehler** In Ordnung! | **mehr als 2 Fehler** Bitte noch einmal üben! |

## Nebensätze richtig verkürzen

Verkürze die Nebensätze, bei denen dies möglich ist.

1. Während ich schlief, legte sich mein Hund in mein Bett.

*Schlafend legte sich mein Hund in mein Bett.*

2. Wir treffen uns morgen, damit wir den Geburtstag vorbereiten.

*Wir treffen uns morgen, um den Geburtstag vorzubereiten.*

3. Damit ich pünktlich zum Flughafen kam, fuhr meine Mutter mich dort hin.

*Um pünktlich zum Flughafen zu kommen, fuhr meine Mutter mich dort hin.*

### Regeln

Adverbialsätze lassen sich verkürzen. Es gibt drei Möglichkeiten, wie man sie verkürzen kann.

1. Bei einem **Konditionalsatz** kann man **wenn** bzw. **dann** weglassen. Das geschieht oft bei Sprichwörtern.
   **Beispiel:** ***Wenn** du mich nicht erreichst, dann rufe ich zurück.*
   *Konditionalsatz*
   *Erreichst du mich nicht, rufe ich zurück.*
   *Konditionalsatz*

2. Aus einem Adverbialsatz mit **dass, damit, ohne dass, anstatt dass** kann man einen **Infinitivsatz** bilden, wenn das Subjekt im Hauptsatz das gleiche wie das im Nebensatz ist. Das **Prädikat** im Adverbialsatz wird zu einem **Infinitiv** umgeformt. Der Infinitivsatz ist ein Nebensatz ohne (eigenes) Subjekt.
   **Beispiel:** ***Ich** ging zur Bushaltestelle, weil **ich** meinen Freund **abholte**.*
   *Adverbialsatz*
   *Ich ging zur Bushaltestelle, um meinen Freund **abzuholen**.*
   *Infinitivsatz*

3. Man kann Adverbialsätze auch zu **Partizipialsätzen** verkürzen. Auch hier muss das Subjekt im Hauptsatz das gleiche wie das im Nebensatz sein. Die **Konjunktion** im Nebensatz wird dann weg gelassen.
**Beispiel:** *Als er die Tür öffnete, bemerkte er Licht in seiner Wohnung.*
*Adverbialsatz*
*Die Tür öffnend, bemerkte er Licht in seiner Wohnung.*
*Partizipialsatz*

4. Verkürzte Nebensätze werden durch ein Komma vom Hauptsatz abgetrennt. Nur bei den Partizipialsätzen ist dies nicht immer notwendig.

## Übungen

**1** Verkürze die folgenden Sätze wie in Regel 1. Schreibe in dein Heft.
a) Wenn du die Gebrauchsanleitung liest, dann brauchst du mich nicht zu fragen.
b) Wenn der Hahn auf dem Mist kräht, dann bleibt das Wetter so, wie es ist.
c) Wenn die Tulpen blühen, dann ist der Frühling da.
d) Wenn du an die Kreuzung gelangst, dann biegst du rechts ab.
e) Wenn du einen Schirm mitnimmst, dann brauchst du dir keine Gedanken über das Wetter zu machen.
f) Wenn du heute nicht kommst, dann kommst du morgen.

**2** Verkürze die markierten Adverbialsätze zu Infinitivsätzen. Umkreise dann die Subjekte. Schreibe in dein Heft.

a) Damit du ins Ausland telefonieren kannst, musst du erst die richtige Vorwahl wählen.
b) Anstatt dass du hier nur herumsitzt, könntest du mir helfen.
c) Tim rannte die Treppe hinauf, damit er noch pünktlich kam.
d) Er ging einfach über die Straße, ohne dass er auf den Verkehr achtete.
e) Ich muss noch die Zutaten einkaufen, damit ich einen Kuchen backen kann.
f) Anstatt dass er seine Hausaufgaben machte, ging Jakob ins Schwimmbad.
g) Anstatt dass sie im Unterricht aufpasste, schrieb Nina lieber heimlich SMS.

**3** Verbinde die Hauptsätze zu Infinitivsätzen. Zum Teil musst du andere Prädikate verwenden. Schreibe in dein Heft.

Ich will an dem Tanzkurs teilnehmen. Ich muss mir erst noch einen Tanzpartner suchen.
*Um am Tanzkurs teilzunehmen, muss ich mir erst noch einen Tanzpartner suchen.*

a) Lukas putzte sich die Zähne nicht. Er ging gleich ins Bett.
b) Maria geht regelmäßig Joggen. Sie braucht Kondition für das Basketballtraining.
c) Ich gehe heute nicht in die Schule. Ich stelle mich krank.
d) Ich bin besonders hilfsbereit. Ich möchte mehr Taschengeld.
e) Clara ließ ihre Tasche im Zug liegen. Sie merkte es nicht.
f) Ich brauche Geld für den Urlaub. Ich suche mir einen Ferienjob.

**4** Forme die unterstrichenen Adverbialsätze in Partizipialsätze um. Schreibe in dein Heft.

Weil er von der Wanderung erschöpft war, schlief er im Schatten eines Baumes ein.
*Von der Wanderung erschöpft, schlief er im Schatten eines Baumes ein.*

a) Während ich Musik höre, gehe ich in die Schule.
b) Weil ich telefonierte, bemerkte ich nicht, dass meine Mutter ins Zimmer kam.
c) Ich suchte meinen Kater, indem ich ihn laut rief.
d) Während ich an unseren schönen Ausflug denke, schreibe ich dir diesen Brief.
e) Weil mein Hund die Wurst roch, hielt er die Schnauze in meine Tasche.
f) Während ich schlief, fiel ich aus dem Bett.

**5** Unterstreiche die verkürzten Nebensätze und schreibe in die Klammern, ob es sich um einen Konditionalsatz (KS), Infinitivsatz (IS) oder Partizipialsatz (PS) handelt. Achtung! Es sind nicht alle durch ein Komma vom Hauptsatz abgetrennt.

Ins Denken vertieft, ging Leon nach Hause. (____) Ohne es zu bemerken, stand er plötzlich vor seiner Haustür. (____) Um die Tür zu öffnen, brauchte er seinen Schlüssel (____). Vor sich hin schimpfend suchte er ihn. (____) Laut quietschend öffnete sich die Tür. (____) „Steckst du deinen Schlüssel in die Tasche, brauchst du ihn nicht immer zu suchen,“ (____) sagte seine Schwester, ihm den Schlüssel unter die Nase haltend. (____) „Würdest du mich mal in Ruhe lassen, fände ich dich nicht so blöd“, (____) gab Leon zurück. Seine Schwester wütend anrempelnd ging er in die Wohnung. (____) Anstatt seine Eltern zu grüßen, verschwand er gleich in sein Zimmer. (____)

**6** Welche Nebensätze lassen sich verkürzen, welche nicht? Setze bei den Nebensätzen, die sich verkürzen lassen, in die Kästchen ein Kreuz.

Während er laut Musik hörte, schaltete er seinen Computer an (1) ☐. Da bemerkte er, dass der Computer nicht an ging (2) ☐. Damit er den Computer anschalten konnte, musste er erst einmal die Steckdosenleiste anschalten (3) ☐. Während der Computer hoch fuhr, ging Leon in die Küche (4) ☐. Er ging zum Kühlschrank, weil er sich etwas zu Trinken holen wollte (5) ☐. „Wenn du nicht erst einmal deine Jacke weg räumst, dann brauchst du dir gar nichts aus dem Kühlschrank zu nehmen“, (6) ☐ sagte seine Mutter, als sie plötzlich vor ihm stand (7) ☐. Als Leon die Jacke aufhing, kam seine Schwester wieder an (8) ☐. „Es ist kein Saft mehr da. Als du weg warst, habe ich alles ausgetrunken.“ (9) ☐ Während sie dies sagte, grinste sie ihn an (10) ☐. Er ging an ihr vorbei, ohne dass er sie eines Blickes würdigte (11) ☐. Während er wieder zum Kühlschrank ging, kam seine Schwester ihm hinterher (12) ☐.

## Fehler-Check

**Forme die Nebensätze zu verkürzten Nebensätzen um. Nicht bei allen Nebensätzen ist dies möglich. Schreibe in dein Heft.**

a) Ich gelangte zur Schule, indem ich mit dem Fahrrad fuhr.
b) Während mein Freund die Hausaufgaben von mir abschrieb, übte ich Vokabeln.
c) Weil der Zug Verspätung hatte, kam ich zu spät in die Schule.
d) Weil er Musik hörte, konnte er das Klingeln des Telefons nicht hören.
e) Wenn du nicht nachfragst, dann kannst du nichts lernen.
f) Anstatt dass sie Brot kaufte, kaufte sie lieber Süßigkeiten.
g) Damit mein Bruder eine gute Arbeit schreibt, gab ich ihm Nachhilfe.
h) Ohne dass er sich verabschiedete, ging er zur Tür hinaus.
i) Während sie aus dem Fenster schaute, telefonierte sie.
j) Damit ich beim Vorstellungsgespräch gepflegt aussah, kaufte ich mir eine neue Hose.

| ☐ Fehler | 0 – 1 Fehler | 2 – 4 Fehler | mehr als 4 Fehler |
| --- | --- | --- | --- |
| | Super! | In Ordnung! | Bitte noch einmal üben! |

## Kapitel 1: Die Wortarten

### Das Verb: Der Konjunktiv I – Indirekte Rede

Seite 6

1

| Indikativ Präsens | Infinitiv | Konjunktiv I |
|---|---|---|
| er gibt | geben | er gebe |
| sie hat | haben | sie habe |
| wir finden | finden | wir finden |
| sie schreibt | schreiben | sie schreibe |
| ihr rennt | rennen | ihr rennet |
| er liest | lesen | er lese |

Seite 7

2 Lola schrie, Jan sei ein Dieb.
Semin antwortete, das glaube sie nicht.
Lola sagte empört, der klaue doch alles, was ihm in die Finger komme.
Semin erwiderte zweifelnd, dass sich das aber eher wie ein Gerücht anhöre.
Lola begründete, dass seine Eltern ihm doch fast kein Taschengeld gäben/geben würden. Deswegen müsse er klauen.
Semin stellte fest, dass Lola eine Lügnerin sei. Sie setze einfach Gerüchte in die Welt.

Seite 8

3

| Indikativ Präsens | Konjunktiv I | Konjunktiv II/ Umschreibung mit „würde“ |
|---|---|---|
| wir klopfen | wir klopfen | wir klopften/wir würden klopfen |
| ich suche | ich suche | ich suchte/ich würde suchen |
| er isst | er esse | |
| ihr hört | ihr höret | |
| sie tanzen | sie tanzen | sie tanzten/sie würden tanzen |

4 Hör mal, ich habe gestern mit Lola telefoniert. Sie erzählte mir, sie sei am Nachmittag immer im Jugendtreff. Sie treffe sich vorher meistens noch auf ein Eis in der Eisdiele mit ihrer Freundin Paula. Dann gingen/würden die beiden zusammen zum Jugendtreff (gehen). Lola und Paula spielten/würden meistens eine Runde Tischkicker (spielen), dann schauten/würden sie den Jungs beim Billard zu(schauen). Jan sei wohl auch öfters da. Er habe neue Schuhe. Die seien richtig teuer.

Seite 9

❺ Lola sagte, der habe die Schuhe doch auch geklaut. Soviel Geld besitze der doch gar nicht. Sie glaube, der klaue alles Mögliche. Gestern, mitten im Unterricht, sei er raus aufs Klo gegangen. Er sei ganz schön lange draußen gewesen. Als er zurückgekommen sei, habe er ganz unschuldig geschaut. Nach der Pause habe Leon entdeckt, dass seine Jacke nicht mehr am Haken gehangen habe/sei. Lola sei sich sicher, dass Jan sie geklaut habe, als er draußen gewesen sei. Das habe sie Leon gleich gesagt.

❻ Leon sagte, dass Jan mal stehen bleiben solle. Jan fragte, was los sei. Leon fragte, ob er wisse, wo seine Jacke sei. Jan fragte, woher er das denn wissen solle. Leon meinte, Jan solle nicht so unschuldig tun. Lola habe ihm alles gesagt. Jan solle die Jacke wieder hergeben. Jan behauptete, dass er die Jacke nicht habe. Er fragte, was Lola gesagt habe. Leon erwiderte, er wisse alles von ihr. Jan habe die Jacke geklaut, als er in der Deutschstunde auf dem Klo gewesen sei. Jan fragte, ob Leon verrückt sei. Er dachte, sie seien Freunde. Leon solle ihn in Ruhe lassen, er habe noch Wichtigeres zu tun.

Seite 10

❼ Leon: „Du bist die längste Zeit mein Freund gewesen. Mit Dieben will ich nichts zu tun haben."
Jan: „Woher willst du denn wissen, dass ich geklaut habe? Du hast doch gar keine Beweise. Nur weil ich gestern in der Deutschstunde auf dem Klo gewesen bin, habe ich doch nicht gleich deine Jacke geklaut. Diese Lola und ihre Freundinnen verbreiten immer die wildesten Gerüchte. Glaub denen doch nicht alles."
Leon: „Wer hat denn die Jacke sonst geklaut? Du warst der einzige, der gestern in der Deutschstunde draußen war."
Jan: „Hast du bemerkt, wer da kommt? Da ist ja dein kleiner Bruder. Und schau, was der in der Hand hält."

## Fehler-Check

Julia sagte, dass ihre Eltern heute Abend vielleicht weggingen/weggehen würden. Delal meinte, dass Julia dann ja heute sturmfrei habe. Sie fragte, ob sie vorbeikommen solle. Julia antwortete, sie/die Eltern seien sich nicht nicht ganz sicher gewesen. Sie hätten es sich gestern mal überlegt/würden es sich mal überlegt haben. Jetzt könne sie sie nicht fragen, da sie einkauften/einkaufen würden. Delal meinte, Julia solle doch eine SMS schreiben, wenn sie es sicher wisse. Julia fragte, ob Delal gestern Abend nicht daheim gewesen sei. Sie habe dauernd versucht, bei ihr anzurufen. Delal antwortete, dass sie doch ihre Tante besucht habe. Die Tante habe ihren Geburtstag gefeiert. Julia sagte, dass gerade ihre Eltern kämen/ kommen würden. Sie mache mal Schluss. Delal entgegnete, Julia solle an die SMS denken.

### Das Verb – Der Konjunktiv II

Seite 12

1

| Indikativ Präsens | Präteritum | Konjunktiv II | Konjunktiv mit „würde“ |
|---|---|---|---|
| ich sehe | ich sah | ich sähe | ich würde sehen |
| er kann | er konnte | er könnte | er würde können |
| wir schlafen | wir schliefen | wir schliefen | wir würden schlafen |
| sie weiß | sie wußte | sie wüßte | sie würde wissen |
| sie ist | sie war | sie wäre | sie würde sein |
| du nimmst | du nahmst | du nähmest | du würdest nehmen |
| sie schlagen | sie schlugen | sie schlügen | sie würden schlagen |
| er friert | er fror | er fröre | sie würden frieren |

2 Wenn bei uns eine Woche lang keine Autos fahren dürften, wären alle Straßen leer. Die Menschen spazierten/würden auf den Straßen (spazieren) und hätten viel mehr Platz. Kinder spielten/würden dort (spielen) und müssten keine Angst mehr haben, überfahren zu werden. Es gäbe weniger Lärm. Ich schliefe/würde sicher besser (schlafen). Um irgendwohin zu gelangen, führe/würde man mit dem Fahrrad oder mit dem Zug (fahren). Vielleicht wären dann auch Kutschen unterwegs.

Seite 13

3 a) Wenn ich nicht mehr zur Schule ginge, schliefe ich immer bis mittags.
b) Wenn du mich freundlich fragtest/fragen würdest, böte ich dir meinen Platz an/würde ich dir meinen Platz anbieten.
c) Wenn ich mich nicht um den kranken Vogel kümmern würde, stürbe er sicher bald/würde er sicher bald sterben.
d) Wenn das Wasser nicht so kalt wäre, schwömme/schwämme ich einmal quer durch den See/würde ich einmal quer durch den See schwimmen.
e) Wenn du meinen Koffer trügest/trügst/tragen würdest, könnte ich die beiden Taschen nehmen.

### Fehler-Check

Seite 14

müsste, hätten, wäre, würden, machen, gefiele, würden, schlafen, würden, anstrengen, ginge, bräuchte, brächte, Gäbe, arbeiten würden?

L

# Lösungen

## Verben: Aktiv und Passiv

Seite 16

**1**
a) Der Ball wird von Jan geworfen.
b) Mara näht ein Kleid.
c) Der Postbote gibt ein Paket ab.
d) Der Patient wird vom Chefarzt operiert.
e) Die Katze wird vom Hund gejagt.
f) Der Lehrling schneidet das Gemüse.
g) Das Baby wird von seiner Mutter gestillt.

**2**
a) Die Lehrerin ermahnt meine Sitznachbarin.
b) Man kauft oft dieses Produkt.
c) Till führt den Hund spazieren.
d) Morgen werden wir die Reise antreten.
e) Man soll über andere nicht schlecht reden.
f) Die Museumsbesucher betrachten die Bilder.
g) Man sollte schnell in den Zug einsteigen.

Seite 17

**3**
a) Präteritum
b) Plusquamperfekt
c) Perfekt
d) Futur I
e) Präsens

**4**
a) Meine Eltern schenkten mir vorige Woche ein neues Skateboard.
b) Davor hatte ich mir immer das Skateboard meines Freundes geliehen.
c) Seit zwei Tagen habe ich meine Fahrkünste deutlich verbessert.
d) Nächste Woche werden wir die neue Skateranlage ausprobieren.
e) Ich übe die neuen Tricks.

**5** Was früher, zu seinen Anfangszeiten, „Asphaltsurfen" hieß, wird heute Skateboarden genannt. Der Ursprung des Skateboardens liegt in den 60er-Jahren. Damals wurde das Wellenreiten auf Asphalt und Beton übertragen. Allerdings hatte der Sport bald keine Bedeutung mehr und wurde erst in den 70er-Jahren wiederentdeckt. Vor dieser Zeit waren kaum noch Skateboards zum Verkauf angeboten worden. Eine Gruppe Skateboarder aus Venice Beach in Kalifornien entwickelte das Pool Riding, heute wird statt eines leeren Schwimmbeckens eine sogenannte Halfpipe genutzt. Das Skateboard ist seit den 70er-Jahren immer weiterentwickelt worden und dadurch sind neue Tricks möglich geworden.

Seite 18

**6**
a) Lose Wettbewerbe wie z. B. das „Mastership" werden von Skateboard-Organisationen durchgeführt.
b) Das Skaten wird von vielen Skatern eher als eine Art von Kunst denn als Sport angesehen.

c) Skaten wird häufig zu den sogenannten Freizeitsportarten gerechnet.
d) Skateboarden wurde lange Zeit überwiegend von Männern ausgeübt.
e) Seit einigen Jahren ist das Skateboarden von Frauen für sich entdeckt worden.

## Fehler-Check

Seite 19

a) Man setzt das Skateboard nur selten als reines Fortbewegungsmittel ein.
b) Viele Skateboarder sind in der letzten Zeit wegen Sachbeschädigungen angezeigt worden.
c) Das Slalomfahren wurde in den 70er-Jahren von vielen Skateboardern ausgeübt.
d) Man kann gespannt sein, wie das Board von Skateboardern für neue Tricks verwendet werden wird.
e) Bevor man Skatingparks baute, hatte man in den USA oft leere Schwimmbecken zum Skaten benutzt.
f) Skater verwenden Treppengeländer oft für den sogenannten Slide Trick.
g) In den 80er-Jahren wurde das Skateboard von Skatern oft auf ebener Fläche wie ein Turngerät für artistische Tricks verwendet.

## Nomen – die vier Fälle unterscheiden und richtig anwenden

Seite 22

1

| Kasus | Singular | Plural |
|---|---|---|
| Nominativ (1. Fall) | die schwere Kiste | die schweren Kisten |
| Genitiv (2. Fall) | der schweren Kiste | der schweren Kisten |
| Dativ (3. Fall) | der schweren Kiste | den schweren Kisten |
| Akkusativ (4. Fall) | die schwere Kiste | die schweren Kisten |

| Kasus | Singular | Plural |
|---|---|---|
| Nominativ (1. Fall) | der glitschige Fisch | die glitschigen Fische |
| Genitiv (2. Fall) | des glitschigen Fisches | der glitschigen Fische |
| Dativ (3. Fall) | dem glitschigen Fisch | den glitschigen Fischen |
| Akkusativ (4. Fall) | den glitschigen Fisch | die glitschigen Fische |

2 Beispiellösung

Seite 23

Das Buch gehört der Frau. Der Bildschirm des Computers muss ersetzt werden. Der Vorhang hängt vor den Fenstern. Ich treffe die Schwestern. Der Chef weist den Bauarbeiter an.

# Lösungen

❸ meinem Freund, seiner Geburtstagsparty, den coolen Rissen, der alten Hose, nettes Mädchen, den Weg, unserer Klasse, der Parallelklasse, meinen Klassenkameraden, dem/meinem Bild des Mädchens meiner Träume, meinem Freund, der Ecke, deinem Outfit, einen riesigen Riss, deinem Hintern, des Nachbarn, den Schrank

Seite 24

❹ Da stand ich nun vor meiner Traumfrau (Dativ) und wusste nicht, was ich machen sollte. Ich fasste an den Riss (Akkusativ) und merkte, dass er ziemlich lang war. Die Augen des Mädchens (Genitiv) sahen mich forschend an. Ich muss wohl nicht so ein intelligentes Gesicht (Akkusativ) gemacht haben. Ich musste irgend etwas mit diesem schrecklichen Riss (Dativ) machen. Vor allen Dingen durfte das Mädchen (Nominativ) ihn nicht sehen. Ich grinste meine Traumfrau (Akkusativ) unbeholfen an, dann begann ich mich rückwärts durch das Zimmer (Akkusativ) von ihr wegzubewegen. Was würde sie wohl von solch einem Rückzieher (Dativ) denken? Egal, ich wollte nur aus diesem Raum (Dativ) heraus. Die Tür des Zimmers (Genitiv) schien mir noch ziemlich weit weg zu sein.

Seite 25

❺ a) meinen alten b) deinem untreuen c) des grauen Elefanten
d) diesem schlechten e) dem unerfahrenen f) Diesem gutmütigen
g) An den gestrigen h) Auf dem berühmten

Seite 26

## Fehler-Check

Da kam mein Freund Ali mit einem breiten Grinsen (Dativ) auf mich zu. „Du hast aber eine seltsame Art, dich durch den Raum (Akkusativ) zu bewegen." „Du könntest deinem Freund (Dativ) ruhig helfen, anstatt deinen dummen Kommentar (Akkusativ) abzugeben", sagte ich. „Ich habe einen riesigen Riss (Akkusativ) in meiner Hose (Dativ) und möchte nicht, dass diese Traumfrau (Nominativ) dort hinten ihn sieht." Das Grinsen meines Freundes (Genitiv) Ali wurde noch breiter. „Ich könnte sie ja mit meinem Charme (Dativ) ablenken und sie in ein tiefsinniges Gespräch (Akkusativ) verwickeln." „Sie hält sicher nichts von deinem berühmten Charme" (Dativ), gab ich zurück, „bei den bisherigen Angebeteten (Dativ) warst du wenig erfolgreich." Als wir wieder in die Ecke des Raumes (Genitiv) blickten, war sie verschwunden.

## Adjektive und Adverbien unterscheiden und richtig anwenden

Seite 29

**1** Den Seehund kann man am rundlichen Kopf leicht erkennen. Die Fellfarbe wechselt stark, sie reicht von gelblich bis hellgrau/hellgrau bis gelblich. Das Fell hat außerdem viele dunkle Flecken. Der Seehund lebt vorwiegend in seichten Gewässern. Der Seehundbestand geht stark zurück, sei es durch das schmutzige Wasser oder durch das knappe Nahrungsangebot. „Heuler" sind Seehundjunge, die laut schreiend am Strand liegen. Meistens warten sie verzweifelt auf die Mutter, die kurz auf Nahrungssuche gegangen ist.

**2** a) giftigste b) stärker c) erfolgreichsten
d) besser e) kürzesten f) ärmeren
g) verspieltere h) knusprigste

Seite 30

**3** a) Morgen/Gestern/Heute/Bald habe ich Geburtstag.
b) Leider/Bedauerlicherweise hat meine Freundin heute keine Zeit.
c) Hoffentlich/Wahrscheinlich/Endlich habe ich im Englischtest eine gute Note.
d) Warum regst du dich so auf? Es war doch bloß/nur/lediglich eine alte Tasse, die heruntergefallen ist.
e) Den Link findest du unten/oben/links/rechts auf der Homepage.
f) Mein kleiner Bruder kann schon/bereits/inzwischen laufen.
g) Der Ball liegt hinten/rechts/links/vorne neben dem Mattenwagen.
h) So etwas passiert nur/immer mir!
i) Früher/Damals, als meine Oma noch ein Kind war, gab es kaum Fernsehgeräte.

Seite 31

**4** Liebe Julia,
vielen Dank für deine Nachricht, die ich <u>gestern</u> <u>endlich</u> lesen konnte. Wir haben momentan so viele Hausaufgaben zu erledigen, dass ich <u>kaum</u> dazu komme, mich <u>einmal</u> an den Computer zu setzen. Deshalb musstest du so lange auf eine Antwort warten. <u>Bestimmt</u> hast du dich <u>schon</u> gewundert. <u>Heute</u> war in der Schule ein besonders schrecklicher Tag. Wir bekamen unsere Deutscharbeiten zurück. Ich wagte <u>kaum</u>, <u>unten</u> auf das Blatt zu schauen. <u>Dort</u> stand eine große rote Fünf. <u>Immerhin</u> keine Sechs wie bei der anderen Deutscharbeit. Ich hatte meinen Spickzettel <u>vergebens</u> geschrieben, <u>denn</u> ich musste, als wir die Arbeit schrieben, <u>vorne</u> in der ersten Reihe sitzen. <u>Darum</u> konnte ich ihn <u>dummerweise</u> nicht benutzen. Ich muss lernen! Wenn ich so weiter mache, bleibe ich <u>nämlich</u> sitzen. <u>Jetzt</u> muss ich ins Training, <u>unten</u> wartet schon meine Freundin Anna.
Bis bald, deine Lena

## Lösungen

| Lokaladverbien | Temporaladverbien | Modaladverbien | Kausaladverbien |
|---|---|---|---|
| unten | gestern | kaum | darum |
| dort | endlich | bestimmt | deshalb |
| vorne | einmal | schon | nämlich |
| unten | heute | immerhin | denn |
| | jetzt | vergebens | |
| | | dummerweise | |

Seite 32

**5** Liebe Lena,

Mach dir keine Sorgen, es war ja schon öfters (Adv.) so, dass du keine Zeit hattest, um dich an den Computer zu setzen. Glücklicherweise (Adv.) ist die Schule bei mir nicht so anstrengend (Adj.). Auf den Mathetest, den wir gestern (Adv.) geschrieben haben, habe ich mich nicht so fleißig (Adj.) vorbereitet, aber ich habe trotzdem eine Drei geschrieben. Damit bin ich zufrieden (Adj.). Dafür habe ich dauernd Ärger mit meinen Eltern. Letzte Woche bin ich eine halbe Stunde zu spät (Adj.) nach Hause gekommen, als ich abends (Adv.) im Wasserwerk in der Disco war.
Darum wollen sie mich morgen (Adv.) nicht weggehen lassen. Dass sie immer (Adv.) so streng (Adj.) sein müssen. Ich habe gar nicht lange (Adj.) mit ihnen diskutiert, sondern bin gleich (Adv.*) nach oben (Adv.) in mein Zimmer gerannt und habe laut (Adj.) die Tür zugeknallt. Ich hoffe, dein Wochenende wird netter (Adj.).
Liebe Grüße, Julia

*Achtung: „gleich“ kann Adjektiv oder Adverb sein: der **gleiche** Mann (= Adjektiv); ich komme **gleich** (= Adverb).

Seite 33

### Fehler-Check

Der Igel ist ein Tier, das jedem bekannt ist. Im Garten ist er sehr nützlich, er frisst gerne Schnecken. Man sollte ihm lieber keine Milch anbieten, sie bekommt ihm nicht gut. Will man ihn unbedingt füttern, ist Hackfleisch besser. Abends ist er oft unterwegs, um Nahrung zu suchen. Leider wird der Igel häufig ein Opfer des Straßenverkehrs. Droht Gefahr, bleibt er stehen und rollt sich sogar klein zusammen. Er möchte sich nämlich mit seinen spitzen Stacheln gegen gefährliche Angreifer wehren. Manchmal findet man im Winter draußen junge, untergewichtige Igel. Sie aufzupäppeln ist schwierig und sehr anstrengend. Nur wer genau Bescheid weiß, sollte dies versuchen. Schneckenkörner sind für den Igel giftig, er kann sogar daran sterben. Es gibt igelfreundliche Schneckenkörner, die man unbedenklich benutzen kann.

## Konjunktionen

Seite 35

**1** a) Sowohl meine Mutter als auch mein Vater erlauben mir nicht, alleine zu verreisen.
b) Ich fände es gut, wenn Gül oder Mara neben mir sitzen würden, aber auf keinen Fall Lena.
c) Zum Geburtstag habe ich eine neue Tasche bekommen, aber über eine Konzertkarte hätte ich mich mehr gefreut.
d) Als ich an Alex vorbeiging und er mich anlächelte, verspürte ich ein leichtes Kribbeln.
e) Meine Mutter ist doch keine Chefin, sondern nur eine Angestellte.

**2** a) Ich möchte nicht, dass du meiner Mutter etwas sagst.
b) Wenn du das Geschirr noch wegräumen könntest, bevor/ehe du gehst, wäre ich froh.
c) Ich komme mit, obwohl/obgleich es mir dort sicher nicht gefällt.
d) Julia bleibt wahrscheinlich sitzen, weil/da sie so schlechte Noten hat.
e) Du musst den Arm ruhig halten, damit ich ihn verbinden kann.

Seite 36

**3** Die Ölpalme stammt ursprünglich aus Westafrika und ist weltweit eine der ertragreichsten Ölpflanzen. Palmöl und Palmkernöl werden in alle Welt exportiert, denn man kann sie in vielen Produkten verwenden. Die Ölpalmen wachsen rund um den Äquator in tropischen Regenwäldern, weil hier die besten Bedingungen herrschen. Für den Anbau der Ölpalme werden riesige Flächen von Regenwäldern gerodet, da Palmöl sehr begehrt ist. Fast in allen Produkten kann man Palmöl finden, wenn man sich die Zutatenlisten durchliest. Man findet es in Margarine, Chips, Fertigprodukten oder in Waschmitteln und Hautcremes. Es wird sogar in Heizkraftwerken als Brennstoff verwendet, obwohl Palmöl ökologisch gesehen höchst bedenklich ist. Es wäre besser, wenn man andere Öle statt Palmöl verwenden würde, aber Palmöl ist sehr billig.

**4** (1) dass, (2) und, (3) damit, (4) dann, (5) weil, (6) dass, (7) deshalb, (8) indem

## Fehler-Check

Seite 37

Am Goethe-Gymnasium in Brennstedt machte die Umwelt-AG darauf aufmerksam, dass viel zu wenig Recyclingpapier an der Schule benutzt werde. Viel zu wenige wussten über die Vorteile von Recyclingpapier Bescheid, <u>daher</u> gestaltete die

# Lösungen

Umwelt-AG Plakate und eine Info-Ecke. Argumente für Recyclingpapier gibt es viele, z. B. der geringe Wasserverbrauch bei der Herstellung oder die Tatsache, dass keine Bäume abgeholzt werden müssen. Die Umwelt-AG sprach auch mit der Schulleitung, deswegen werden alle Kopien nur noch auf umwelfreundlichem Papier gemacht. Einmal in der Woche verkauft die Umwelt-AG umwelfreundliche Schulhefte, damit die Schüler keine anderen Hefte kaufen.

## Kapitel 2: Satzglieder

### Wie erkennt man Satzglieder?

Seite 39

1. Petra | fiel | gestern | beim Ballspielen | auf ihren linken Arm.
   Auf ihren linken Arm | fiel | Petra | gestern | beim Ballspielen.
   Beim Ballspielen | fiel | Petra | gestern | auf ihren linken Arm.
   Auf ihren linken Arm | fiel | Petra | beim Ballspielen | gestern.
   Fiel | Petra | gestern | beim Ballspielen | auf ihren linken Arm?

2. Es gibt viele Möglichkeiten. Hier immer ein Vorschlag:
   a) Janik | rannte | am schnellsten | zum Strand.
   b) Das Zelt des Lehrers | war | nicht wasserdicht.
   c) Mein roter Schnorchel | verschwand | in den tosenden Wellen.
   d) Leas Eis | tropfte | auf die blauen Sitze des Zuges.
   e) Nils | hatte | auf den Schultern | einen schmerzhaften Sonnenbrand.

Seite 40

3. a) Am Strand | fanden | wir | schöne Muscheln und Steine.
   b) Bei einem großen Gewitter | überflutete | mitten in der Nacht | unser Zelt.
   c) David | konnte | wegen seiner italienischen Verwandten | einige Brocken Italienisch.
   d) Am Sonntag | machten | wir | bei Regenwetter | einen Ausflug | nach Genua.

### Fehler-Check

Leider | fielen | Luisa | die meisten Spaghetti | beim Abgießen | ins Waschbecken. Also | kochten | wir | nochmals | einen Topf mit Nudeln. Wir | waren | inzwischen sehr hungrig. Am nächsten Tag | bekamen | wir | dafür | ein besseres Essen. Wir | gingen | in die Pizzeria. Micha | bestellte | eine Pizza mit dem lustigen Namen „Diavolo“. Beim Essen | wurde | sein Gesicht | plötzlich | krebsrot. „Diavolo“ | bedeutet | auf Deutsch | „Teufel“. Michas Pizza war mit roten Pfefferschoten belegt. Zur Entschädigung bekam Micha von jedem Schüler ein kleines Stück Pizza. Später spazierten wir am Strand. Der Lärm der tosenden Wellen übertönte das Rufen unseres Lehrers.

## Subjekt und Prädikat erkennen

Seite 42

1 (1) mutige Piloten, (2) der Franzose Louis Blériot, (3) die Engländer John Alcock und Arthur Whitten Brown, (4) einer der Motoren, (5) Brown, (6) Der Flug

Seite 43

2 Segelflugzeuge können lautlos am Himmel schweben. Sie brauchen dazu keinen Motor. Vielmehr benutzen die eleganten, schlanken Flugzeuge dazu warme, aufsteigende Luft. Diese Luft nennt man Thermik. Der Pilot eines Segelflugzeuges muss diese Thermik ausfindig machen. Manchmal beobachtet er dazu Vögel. Nur für den Start sind Segelflugzeuge auf fremde Hilfe angewiesen. Manchmal findet der Pilot keinen Aufwind mehr. Dann muss er rasch einen geeigneten Platz für die Landung finden. Eine Wiese oder ein Acker ist dafür besonders gut geeignet. Die sogenannten Motorsegler haben einen kleinen Motor und einen Propeller. Dieser Antrieb hilft beim Start und bei mangelndem Auftrieb.

3 Bei einer Reise mit dem Flugzeug müssen wir mindestens eine Stunde vor dem Abflug am Flughafen sein. Am Check-in Schalter zeigen wir unser Ticket vor. Dort erhalten wir unsere Sitzplatznummer. Dann geben wir unsere großen Gepäckstücke auf. Meistens bleibt dann noch Zeit für einen Einkaufsbummel. Eine halbe Stunde vor Abflug erfolgt der Aufruf zum Einsteigen. Wir begeben uns zu unserem Gate. Dort steigen wir in das Flugzeug ein. Eine freundliche Stewardess führt uns zu unseren Plätzen. Nun kann der Flug beginnen. Manche Passagiere sind etwas aufgeregt.

Seite 44

4 Beispiellösung:
Beim Musikwettbewerb gewinnt meine Schwester sicher wieder einen Preis. Im Zug zeige ich meine Fahrkarte vor. So etwas erlebt man nicht jeden Tag. Leon kommt bald aus den Ferien zurück. Den abgebrochenen Henkel klebe ich mit Porzellankleber an die Tasse an. Die Blumen duften wundervoll. Mein kleiner Bruder läuft immer gleich davon! Im Frühling pflanze ich meinen selbstgezogenen Baum ein. Am liebsten schläft Julia bis zum Mittag. Meine kleine Hündin nenne ich Lilli.

L

# Lösungen

Seite 45

5 a) Etwa eine Stunde vor Abflug trifft sich die Besatzung des Flugzeugs zur Lagebesprechung.
b) Die Flugzeit von Frankfurt bis New York wird wahrscheinlich sieben Stunden betragen.
c) Die optimale Flugroute führt über Grönland hinweg.
d) Meistens steuert ein Autopilot anstelle der Besatzung das Flugzeug.
e) Oft muss der Kapitän des Flugzeugs eine wichtige Entscheidung in Bruchteilen von Sekunden fällen.
f) Die Fluglotsen teilen den Piloten den richtigen Abstand der Flugzeuge beim Start und bei der Landung mit.
g) Die Piloten können mit einem Flugsimulator Notsituationen üben.
h) Am Himmel fliegen die Verkehrsflugzeuge sogenannten Luftstraßen entlang.
i) Vor dem Start kontrolliert die Besatzung des Cockpits das Fahrwerk.
j) Bei schlechtem Wetter kann ein Flug über den Atlantik ziemlich turbulent werden.

Seite 46

## Fehler-Check

Schon immer träumten die Menschen vom Fliegen. Ein griechischer Mythos erzählt von Dädalus und seinem Sohn Ikarus. Dädalus und Ikarus lebten auf Kreta in Gefangenschaft. Eine Flucht über Land war unmöglich. So wollten die beiden durch die Luft flüchten. Der Erfinder und Baumeister Dädalus baute dazu Flügel aus Vogelfedern. Die kunstvollen Flügel waren mit Wachs verklebt. Bei der Flucht flog Ikarus viel zu hoch. Der junge Mann war vom Fliegen ganz berauscht. So kam er der Sonne zu nahe. Das Wachs seiner Flügel schmolz. Die Flügel fielen in Windeseile auseinander. Ikarus stürzte ins Meer. Die Warnungen seines Vaters hatten leider nichts genutzt.

## Subjekt und Prädikat müssen zusammenpassen!

Seite 48

1

| Singular | Plural |
|---|---|
| mein Freund | mein Bruder und ich |
| eine Anzahl Bücher | Janiks Schwestern |
| ihre Mutter oder ihr Vater | viele Leute |
| eine Gruppe von Schülern | Mona oder die beiden Jungen |
| die achte Klasse | der Himmel und das Meer |

**2** Beispiellösung:
Mein Freund wohnt im Haus neben mir. Eine Anzahl Bücher steht im Regal. Ihre Mutter oder ihr Vater holt sie ab. Eine Gruppe von Schülern steht vor der Bäckerei. Die achte Klasse ist auf Klassenfahrt. Mein Bruder und ich haben zusammen ein Zimmer. Janiks Schwestern nerven ganz schön. Viele Leute wollen ins Konzert. Mona oder die beiden Jungen müssen sich in die erste Reihe setzen. Der Himmel und das Meer haben die gleiche Farbe.

Seite 49

**3** Viele Touristen besuchen die Nordsee. Ein großer Anteil kommt aus Deutschland. Letztes Jahr machten meine Familie und ich dort Urlaub. Meine Tante und auch meine Großmutter kamen mit. Eine Menge Leute wohnte also in unserem Ferienhaus. Gleich am ersten Tag gingen meine kleine Schwester und ich zum Strand. Dort lag ein Haufen Strandgut herum. Mein Vater und meine Mutter trafen uns später in der Eisdiele. Ich bestellte ein gemischtes Eis und meine Schwester einen Nordseebecher. Meine Mutter oder mein Vater sollte die Rechnung bezahlen. Aber beide hatten ihr Geld in der Ferienwohnung vergessen. Meine wenigen Münzen reichten leider auch nicht aus.

Seite 50

**4**

| | |
|---|---|
| Pia und Sarah ☐ | ☐ kommt zu meinem Geburtstag. |
| Eine Menge Kuchen ☐ | ☐ fahren gemeinsam in den Urlaub. |
| Felix oder Jonathan ☐ | ☐ stürzten beide zu Boden. |
| Die Hälfte der Schüler ☐ | ☐ tanzen gerne Hip Hop. |
| Mein Freund und ich ☐ | ☐ war übrig geblieben. |
| Meine Geschwister ☐ | ☐ kam gestern zu spät. |
| Der Stürmer und der Verteidiger ☐ | ☐ haben ein gemeinsames Zimmer. |
| Eine Gruppe Jugendlicher ☐ | ☐ wurde beim Stehlen erwischt. |

**5** a) leben b) kommt/reist c) wachsen d) kommen
e) liegt f) leben g) bringt/fährt h) ist

Seite 51

**Fehler-Check**

Mit dem Führer wanderten wir über das Watt. Mein Vater und ich gingen nebeneinander. Plötzlich sanken mein Vater und ein anderer Tourist bis zu den Knien in ein Schlickloch. Die beiden hatten ganz schwarze Beine. Der Junge neben mir und ich hatten Glück. Wir sanken nicht ein. Eine Gruppe von Leuten stand um meinen Vater herum und musste lachen. Ein Haufen Schlick war auch in seinen Gummistiefeln. Mein Vater und ich mussten auch lachen.

**Objekte erkennen und richtig anwenden!**

Seite 53

1 a) Der Bürgermeister dankte dem Gemeinderat. (wem oder was? DO)
b) Der Löwe sieht das frische Fleisch. (wen oder was? AO)
c) Dein neues Kleid gefällt mir. (wem oder was? DO)
d) Amir wartet auf den Bus. (auf was? PO)
e) Der Zauberer bediente sich eines Zaubertricks. (wessen? GO)
f) Der Einheimische zeigt dem Fremden (wem oder was? DO) den Weg.
g) Das sieht man ihm (wem oder was? DO) wirklich nicht an.
h) Mein Bruder besitzt kein Handy. (wen oder was? AO)

Seite 54

2 (1) (PO), (2) (PO), (3) (AO), (4) (AO), (5) (DO), (6) (AO), (7) (PO), (8) (PO), (9) (AO), (10) (DO), (11) (AO), (12) (AO), (13) (GO), (14) (AO)

Seite 55

3 Akkusativobjekte: veraltete Kühlschränke, eine Menge Energie, eine Menge Tipps, eine neue Gefriertruhe, einiges Geld, ihre elektronischen Geräte, sie alle
Dativobjekte: der Umwelt und dem Geldbeutel, uns, dieser Bequemlichket
Genitivobjekt: eines speziellen Gerätes
Präpositionalobjekte: über ihren Energieverbrauch, mit einem Energieberater, an der Bequemlichkeit mancher Leute, mit allen elektronischen Geräten in einem Raum

4 Beispiellösung:
a) Ich streite mich oft mit meiner Schwester. (PO)
b) Der Ringer scheiterte an seinem letzten Gegner. (PO)
c) Ich entledige mich des schweren Rucksacks. (GO)
d) Das neue Klassenzimmer gefällt uns. (DO)
e) Ich rieche das Mittagessen. (AO)
f) Ich bringe meiner Mutter (DO) den Tee. (AO)
g) Mein Vater hat endlich mit dem Rauchen (PO) aufgehört.
h) Du ähnelst deiner Mutter. (DO)
i) Mein Onkel besitzt einen Sportwagen. (AO)

Seite 56

5 a) Maria hilft ihrem Bruder. (DO)
b) „Los! Wirf endlich den Ball!“(AO)

c) „Du könntest mir ruhig beim Aufräumen helfen." (PO)
d) Meine Großeltern erzählen gerne von ihrer Kindheit. (PO)
e) Der Angeklagte wird des Diebstahls beschuldigt. (GO)
f) Ich muss immer so lange auf den Bus warten. (PO)
g) Ich erzähle ihm (DO) eine Geschichte. (AO)
h) Die Lampe kostet mich (AO) 30 Euro.(AO)
i) Ich habe nicht so viel Geld. (AO)
j) Wir lachen über den Witz. (PO)

## Fehler-Check

Seite 57

1. Wir erkundigten uns nach sparsameren Haushaltsgeräten.(PO)
2. Eine neue Waschmaschine spart ziemlich viel Wasser. (AO)
3. Wir folgten dem Rat des Energieberaters. (DO)
4. Tim enthielt sich seiner Stimme. (GO)
5. Meine Eltern ärgerten sich über die hohe Stromrechnung. (PO)
6. Die Emissionen unserer Ölheizung schaden der Umwelt. (DO)
7. Wir bringen den alten Kühlschrank zum Recyclinghof. (AO)
8. Meine Familie staunte über den hohen Wasserverbrauch. (PO)

## Adverbiale Bestimmungen

Seite 59

1 Morgens bin ich schon total nervös und aufgeregt aus dem Bett gestiegen. Mein Vater hat mich pünktlich zur Firma gefahren. Dann bin ich reingegangen. Doch erst einmal stand ich am Eingang. Endlich kam eine Mitarbeiterin. Sie führte mich durch viele Gänge. Meine Betreuerin Nikki und ich setzten uns im Besprechungszimmer zusammen. Dort konnte ich Fragen stellen. Sie erklärte mir geduldig meine Arbeit. Mit der Zeit legte sich meine Aufregung. Nikki zeigte mir dann meine Arbeit am Computer. Ich musste mithilfe eines speziellen Programms Adresslisten aktualisieren.

Seite 60

2 a) Du kannst gut teamorientiert arbeiten. (wie? modale Adv.; wie? modale Adv.)
b) Du arbeitest zuverlässig und verantwortungsbewusst für ein gemeinsames Ziel. (wie? modale Adv.)
c) Du erledigst deine Aufgaben gewissenhaft. (wie? modale Adv.)
d) Du kannst mehrere Wochen lang immer dasselbe erledigen. (wie lange? temporale Adv.)

e) Du legst täglich eine längere Strecke zwischen Arbeitsstelle und Wohnort zurück. (wann? temporale Adv.; wo? lokale Adv.)
f) Du gehst mit Fantasie an Aufgaben heran. (womit? instrumentale Adv.)

3 Beispiellösung:
a) Nora arbeitet in der Bäckerei mit der Teigrührmaschine den ganzen Morgen.
b) Das Team trifft sich um 15 Uhr im Sitzungszimmer wegen einer wichtigen Besprechung.
c) Lukas freut sich wegen der Abwechslung zur Schule sehr auf sein Praktikum.
d) Karen las im Zug mehrmals angestrengt die Infomappe.
e) Henrik bewarb sich bei der Firma EG für ein Praktikum.

Seite 61

## Fehler-Check

a) Deine Bewerbung solltest du am Computer mit einem Textverarbeitungsprogramm schreiben.
b) Verwende Fettdruck nur sparsam.
c) Für eine spätere Überarbeitung solltest du deine Texte unbedingt auf dem Computer oder einem Stick speichern.
d) Du solltest alle Unterlagen korrekt in eine Mappe einordnen.
e) Überprüfe deine Rechtschreibung gründlich.
f) Schreibe deinen Text verständlich und flüssig.
g) Benutze für deine Bewerbungsunterlagen einen großen Umschlag.

## Attribute

Seite 63

1 Mara, eine junge Auszubildende, arbeitet in einem modernen Friseursalon. Eine Bekannte ihrer Mutter hatte ihr diesen attraktiven Ausbildungsplatz vermittelt. Am Anfang schaute Mara den erfahrenen Friseurinnen zu. Später musste sie die Haare auf dem Boden wegfegen, die Pflegeprodukte sortieren und die schmutzigen Handtücher in die Waschmaschine im Keller stecken. Erst am Ende ihrer Ausbildung durfte sie gewissen Kundinnen, die sich als Modell zur Verfügung stellten, die Haare schneiden. Frau Sezgin, eine besonders nette Kundin, wollte sich danach nur noch von Mara die Haare schneiden lassen.

2 a) Alle Arbeiter im Team (Präpositionalattribut) arbeiten Hand in Hand.
b) Herr Nagl, ein strenger Chef (Apposition), nimmt alles sehr genau.
c) Der Kunde möchte ein sicheres (Adjektivattribut) Auto.

d) Das Auto, das einen Blechschaden hatte (Attributsatz), haben wir schon repariert.
e) In modernen (Adjektivattribut) Autos steckt viel Elektronik.
f) Gestern durfte ich die Arbeit meines Meisters (Genitivattribut) übernehmen.
g) Die Zufriedenheit der Kunden (Genitivattribut) ist uns sehr wichtig.
h) In meiner Freizeit mache ich meine Vespa, ein Erbstück (Apposition), wieder flott.
i) Die Schläuche im Motorraum (Präpositionalattribut) wurden von einem Marder zerbissen.

Seite 64

3 Objekte: einen kurzen Überblick über den Bewerber, über seine familären Umstände, die Schulbildung, über spezielle Fähigkeiten und Kenntnisse und über seine Hobbys
Adverbiale Bestimmungen: für eine gute Bewerbung, knapp und übersichtlich, in tabellarischer Form, durch den Lebenslauf, im Lebenslauf, zunächst, schließlich, an das Ende, natürlich, mit dem Computer
Attribute: korrekter, gute, tabellarischer, kurzen, familiären, spezielle, das freundlich und gepflegt wirkt

### Fehler-Check

Seite 65

In unserem Berufswahlunterricht sollten wir uns für einen Praktikumsplatz entscheiden. Ich blätterte all die Infomationsbroschüren, die wir vom Arbeitsamt mitgebracht hatten, durch. Dort gab es einen Test, eine Art Psychotest. Mithilfe dieses Testes kam ich zu dem Berufsbild „kreatives Gestalten". Der Bruder meiner Freundin ist Florist. Bei ihm könnte ich ein Praktikum absolvieren. Am nächsten Tag schrieb ich eine korrekte Bewerbung. In der folgenden Woche konnte ich mich schon vorstellen. Das Blumengeschäft, das modern gestaltet war, gefiel mir gut. Während meiner Praktikumszeit arbeitete ich dort zwei Wochen lang. Diesen kreativen und abwechslungsreichen Beruf möchte ich später erlernen.

## Kapitel 3: Sätze

### Hauptsätze von Nebensätzen unterscheiden

Seite 67

1 a) Beim Zelten sollte man auf eine gute Ausrüstung achten, denn mit einer schlechten Ausrüstung kann man schnell Überraschungen erleben.

# Lösungen

b) Ein gutes Zelt ist etwas teurer, aber dafür bleibt es länger intakt.

c) Besonders wichtig ist die Wasserdichte, aber auch die Stabilität ist wichtig.

d) Für eine gute Beratung geht man in ein Sportgeschäft oder man lässt sich von einem erfahren Freund ein gutes Zelt empfehlen.

e) Oft steht man nach dem Auspacken hilflos vor all den Stangen und Heringen, deshalb sollte man vor dem ersten Zeltausflug das Zelt schon einmal aufgestellt haben.

Seite 68

2 a) Ich besuche einen Kletterkurs, weil ich Klettern schon lange lernen wollte.

b) Bevor du alleine in den Urlaub fahren willst, solltest du erst einmal Geld verdienen!

c) Nachdem ich von meinem Outdoor-Wochenende zurückgekommen war, musste ich erst einmal baden.

d) Es ist wichtig, dass alle auf die Anweisungen des Bergführers hören.

e) Damit man sich nicht verläuft, sollte man vor einer Wanderung genau die Wanderkarte studieren.

3 Eine Feuerstelle sollte trocken sein, aber sie sollte nicht zu nahe an Bäumen sein. Mit dem Spaten gräbt man eine passende Grube, die ungefähr 15 Zentimeter tief sein sollte. Um den Rand der Grube legt man Steine, damit das Feuer sich nicht ausbreiten kann. Dann sucht man Holz, das natürlich trocken sein sollte. Zum Anzünden braucht man trockenes Material wie Reisig, Holzspäne oder Papier, deshalb sollte man etwas Zeitung dabei haben. Bevor man die Feuerstelle wieder verlässt, wartet man, bis das Feuer wieder ausgeht. Mit Wasser kann man das Feuer schnell löschen und am Ende schüttet man zur Sicherheit Erde darüber.

Seite 69

## Fehler-Check

Manchmal ist man mehrere Tage in der Natur unterwegs und man findet vielleicht keinen geeigneten Schlafplatz. Dann ist es gut zu wissen, wie man ein Notzelt aufbaut. Für ein Notzelt sollte man einige Dinge, die man auch sonst gut gebrauchen kann, im Rucksack haben. Du solltest eine Rettungsdecke, ein Seil und ein paar Heringe dabei haben oder du kannst dir statt der Heringe auch mit Steinen behelfen. Du spannst ein Seil zwischen zwei Bäume. Darüber hängst du die Rettungsdecke, die du mit den Heringen oder Steinen am Boden befestigst. Falls du noch eine zweite Rettungsdecke hast, kannst du diese als wärmende Unterlage auf den Boden legen.

## Schwierige Satzgefüge

Seite 71

**1** a) Weil ich soviel Geld besaß, das mir meine Oma zu Weihnachten geschenkt hatte, beschloss ich, mir damit die neue Hose zu kaufen, auf die meine Klassenkameraden sicher neidisch sein würden.

b) Der Kiosk am Ende der Straße, an dem immer so viele Schüler einkauften, musste schließen, weil dort ein neues Haus gebaut werden sollte.

**2** Kleopatra wurde, als sie gerade einmal 18 Jahre alt war, gemeinsam mit ihrem Bruder zur Herrscherin über Ägypten, das bis dahin von ihrem Vater beherrscht wurde. Ihre Herrschaft dauerte nur drei Jahre, weil sie wegen Intrigen, die die Berater ihres Bruders in Gang gesetzt hatten, vom Thron vertrieben wurde. Später, als Cäsar in Ägypten landete, nutzte Kleopatra diese Chance, um durch ihn wieder zur Herrschaft über ihr Land zu gelangen. Cäsar ließ sich von ihrer Klugheit und ihrem Charme gefangen nehmen, denn Kleopatra war sehr gebildet, da sie fließend neun Sprachen beherrschte. Die beiden wurden Verbündete und ein Liebespaar. Cäsar führte die Vermittlungen mit Kleopatras Bruder so, dass Kleopatra wieder als wahre Herrscherin Ägyptens galt. Dies war auch ein Vorteil für Cäsar, da er sich nun sicher sein konnte, dass Ägypten fortan auf der Seite Roms stehen würde.

Seite 72

**3** a) Unser Rathaus, das im Jahre 1790 gebaut wurde, wird renoviert, damit es zur 500-Jahr Feier unserer Stadt wieder in frischem Glanz erstrahlt.

b) Obwohl mich meine Freunde gewarnt hatten, ging ich trotzdem in die neue Disco, weil ich wissen wollte, ob die Musik dort wirklich so schlecht war, wie alle behaupteten.

c) Die Wände meines Zimmers, die ich rot gestrichen hatte, gefielen mir überhaupt nicht mehr, obwohl ich die Farbe erst seit zwei Monaten an meinen Wänden hatte.

d) Weil meine Mutter und alle meine Geschwister krank waren, musste ich das ganze Wochenende lang den Haushalt führen, sodass ich mich nicht mit meinen Freunden treffen konnte, die im Jugendzentrum auf mich warteten.

e) Das Handy, das ich mir von dem Geld gekauft hatte, das ich mit meinem ersten Ferienjob verdient hatte, wurde mir schon nach zwei Tagen geklaut, als ich meine Tasche im Zug kurz unbeaufsichtigt ließ.

## Lösungen

Seite 73

### Fehler-Check

Jeanne d'Arc vernahm diese Stimmen in ihrer Jugendzeit und sie war fest davon überzeugt, dass Gott ihr sagte, dass es ihre Aufgabe sei, Frankreich aus seiner Not zu erretten. Jeanne, die nur ein ungebildetes Dorfkind war, konnte tatsächlich zum Hof von Karl VII. vordringen. Sie bot ihm ihre Hilfe im Kampf gegen die Engländer an. Und so kam es, dass Jeanne d'Arc mit einer Rüstung, die extra für sie geschmiedet worden war, im Kampf um Orléans inmitten der Truppen war. Durch ihre Zuversicht und ihre bloße Anwesenheit stärkte sie den Siegeswillen der französischen Truppen, die die Engländer zur Aufgabe der Belagerung zwangen. So wurde aus einem ungebildeten Dorfkind, das solch einen starken Glauben hatte, die Jungfrau von Orléans, die von nun an als heilige Retterin Frankreichs galt.

### Adverbialsätze voneinander unterscheiden

Seite 76

**1**
a) Petra wollte mit ihrer Freundin in die Stadt fahren, weil/da heute ein Konzert stattfinden sollte. (Kausalsatz)
b) Damit sie nicht laufen mussten, wollten sie den Bus nehmen. (Finalsatz)
c) Weil/Da Petras Freundin zu spät kam, verpassten die beiden den Bus. (Kausalsatz)
d) Es war der letzte Bus gewesen, sodass sie laufen mussten. (Konsekutivsatz)
e) Ohne dass jemand etwas sagte, liefen die beiden nebeneinander her. (Modalsatz)
f) Als/Während sie zur Stadt liefen, fing es an zu regnen. (Temporalsatz)
g) Beide wurden ziemlich nass, obwohl/obgleich sie einen Schirm dabei hatten. (Konzessivsatz)
h) Falls/Wenn Petras Freundin jemals wieder zu spät kommen würde, würde Petra alleine in den Bus steigen. (Konditionalsatz)

**2**
a) Nachdem die Schule beendet war, ging ich sofort nach Hause.
b) Bevor man den Drucker installiert, sollte man die Gebrauchsanweisung lesen.
c) Wenn man auf den Link klickt, erhält man weitere Informationen.
d) Weil mein Fahrrad kaputt war, konnte ich nicht pünktlich in die Schule kommen.
e) Wenn es Glatteis gibt, sollte man lieber nicht mit dem Auto fahren.
f) Weil es so heiß ist, fällt heute der Unterricht aus.

Seite 77

**3** a) Trotz unserer guten Schuhe bekamen wir nasse Füße.
b) Wegen des Geburtstags meiner Schwester komme ich heute nicht zum Training.
c) Bei Sturm fährt das Schiff nicht ab.
d) Nach der Arbeit ging er ins Schwimmbad.
e) Vor dem Schlafengehen solltest du noch deine Medizin nehmen.
f) Sie können die Helligkeit des Bildschirmes durch Klicken auf „Bildschirmeinstellungen" beeinflussen.

Seite 78

**4** Obwohl Frauen bei den olympischen Spielen als Zuschauerinnen zugelassen waren, galt dies nur für unverheiratete Frauen. (Konzessivsatz). Wenn diese Regel missachtet wurde, drohte die Todesstrafe. (Konditionalsatz). Die Sportler bereiteten sich auf die Spiele vor, indem sie einige Zeit vor Spielbeginn das Trainingslager bezogen. (Modalsatz) Sobald der erste Vollmond nach der Sommersonnenwende erschienen war, begannen die olympischen Spiele mit einer Opferzeremonie (Temporalsatz). Bei den Wettkämpfen wurden keine Zeiten oder Distanzen gemessen, weil es nur auf den ersten Platz ankam. (Kausalsatz) Manche Athleten wollten lieber sterben, falls sie Zweiter werden würden. (Konditionalsatz)

## Fehler-Check

Seite 79

Obwohl die olympischen Spiele als Sportereignis galten, hatten sie auch kulturell und politisch eine große Bedeutung (Konzessivsatz). Olympia war auch der Ort, wo das Volk, Politiker und Diplomaten aus allen Teilen der griechischen Welt zusammenkamen (Lokalsatz). Damit Konflikte innerhalb Griechenlands friedlich gelöst werden konnten, wurde Olympia zum Symbol für innerstaatlichen Frieden. (Finalsatz). Während die Spiele stattfanden, durfte nirgends Krieg geführt werden (Temporalsatz). Menschen aller Schichten und Berufsgruppen nutzten diese Tage für sich, weil es hier gesellschaftliches Treiben gab (Kausalsatz). Das Volk wurde neben den Wettkämpfen gut unterhalten, indem Theateraufführungen und Darbietungen stattfanden (Modalsatz). Damit mit diesen vielen Menschen ein reibungsloser Ablauf garantiert war, bedurfte es einer guten Organisation (Finalsatz). Auf dem Gelände gab es beispielsweise Bereiche, wo es einfache Zeltstädte für das gemeine Volk gab (Lokalsatz).

# Lösungen

## Subjektsätze und Objektsätze

Seite 81

1 Beispiellösung:
a) Es macht mich nachdenklich, dass er nicht mit mir spricht.
b) Es ärgert mich, dass du zu spät gekommen bist.
c) Dass es so teuer ist, spielt keine Rolle.
d) Es ist mir schon klar, dass du lieber an einen anderen Ort gegangen wärest.
e) Ob mein Freund heute kommt, ist noch unsicher.
f) Wer mitkommen möchte, soll sich bitte melden.
g) Wann ich fertig sein werde, weiß ich nicht.
h) Es erstaunt mich, wie gelassen du bleibst.

Seite 82

2 a) Ob die Serie fortgesetzt wird, ist noch ungewiss.
b) Dass er die Prüfung bestanden hat, macht ihn stolz.
c) Dass die Leute reden, ist mir doch egal.
d) Es hat mich geärgert, dass du fortgeblieben bist.
e) Es gefällt mir, dass der Chor so schön singt.

Seite 83

3 Beispiellösung:
Ich sehe, dass du traurig bist.
Er scheiterte daran, dass er müde war.
Sie verheimlichte nicht, wen sie wirklich liebte.
Ich fragte, ob ich länger bleiben könne.
Meine Schwester weiß, dass ich gestern die Schule geschwänzt habe.
Du solltest bedenken, dass es gefährlich sein kann.
Ich wundere mich nicht mehr darüber, dass du keine Hausaufgaben hast.
Es lag ihm viel daran, dass die anderen ihn mochten.

4 a) Er besteht darauf, dass die Geschichte fortgesetzt wird.
b) Paul befolgte, was seine Tante ihm geraten hatte.
c) Sie roch sofort, dass das Essen angebrannt war.
d) Der Lehrer sah leider, dass die Hausaufgabe abgeschrieben war.
e) Ich hörte, was sie sagte.
f) Mein Vater befürchtet, dass es unvermeidlich ist.

## Fehler-Check

Seite 85

Das Jugendzentrum, das im alten Güterbahnhof untergebracht war, musste einem Neubaugebiet weichen. Dass die Jugendlichen darüber erst so spät informiert wurden, ärgerte sie sehr. Sie hätten sich nämlich schon nach einer Alternative umschauen können, wenn sie früher Bescheid gewusst hätten. So dachten sie nur, dass sich niemand wirklich für sie interessiert. Der Bürgermeister lud die Jugendlichen allerdings bald darauf zu sich ein, um sich zu entschuldigen. Er beteuerte, dass er gemeinsam mit den Jugendlichen nach einer Alternative suchen wolle. Es beruhigte die Jugendlichen, wie sie in ihrem Anliegen ernst genommen wurden. Gemeinsam mit ihrem Sozialarbeiter überlegten sie, wo sie ein neues Jugendzentrum finden sollten. Sie hofften, dass sie irgendwo ein leer stehendes Haus finden könnten. Schließlich fanden sie ein altes Fabrikgebäude, das der Stadt gehörte. Der Bürgermeister hatte nichts dagegen, dass dort ein neuer Jugendtreff aufgemacht werden sollte.

## Das dass-Problem

Seite 87

**1**
a) Es freut mich, dass du kommst. (S)
Frage: Was freut mich?
b) Ich freue mich so sehr, dass ich Herzklopfen habe. (A)
Frage: Wie sehr freue ich mich?
c) Ich denke, dass ich kommen werde. (O)
Frage: Was denke ich?
d) Er sang so gut, dass alle im Saal Gänsehaut bekamen. (A)
Frage: Was folgte daraus?
e) Du solltest es so machen, dass niemand etwas merkt. (A)
Frage: Wie solltest du es machen?
f) Dass du so wenige Fehler hast, erstaunt mich nicht. (S)
Frage: Was erstaunt mich nicht?
g) Du hast ja so viel gelernt, dass der Test einfach gut werden musste. (A)
Frage: Was folgte daraus?
h) Er bestand darauf, dass ich ihm das Geld sofort geben sollte. (O)
Frage: Worauf bestand er?

L

# Lösungen

Seite 88

2 a) Es ist doch toll, dass wir unseren Jugendraum nun nach unseren Vorstellungen gestalten können.
b) Die Jugendlichen hatten sich so engagiert um ihr Anliegen bemüht, dass der Bürgermeister positiv überrascht war.
c) Alle Beteiligten hoffen nun, dass die Jugendlichen verantwortungsvoll mit ihrem neuen Treffpunkt umgehen.
d) Dass wir in den Augen der Erwachsenen oft als faul und unmotiviert gesehen werden, ärgert mich.
e) Meine Eltern müssen sich nun nicht mehr darum Gedanken machen, dass wir abends am Bahnhof herumhängen.
f) Alle halfen so eifrig mit, dass der neue Jugendraum schneller als geplant fertig wurde.
g) Die Jugendlichen wollen sich bemühen, dass sie mit den neuen Nachbarn gut auskommen.

Seite 89

## Fehler-Check

Es ist kein Wunder, dass Jugendliche sich ihre eigenen Treffpunkte wie Bushaltestellen oder Parkanlagen suchen. Dass oft kein geeigneter Raum für sie zur Verfügung steht, finden sie sehr ärgerlich. Denn sie finden ja auch nicht toll, dass sie abends in der Kälte herumstehen müssen. Viele benehmen sich dann auch so daneben, dass hinterher überall Müll herum liegt. Die Anwohner fragen sich dann, wie das noch weitergehen soll. Sie machen sich einfach Sorgen. Die Lösung ist, dass man den Jugendlichen ein Jugendzentrum als Treffpunkt anbietet. Dass es den meisten Jugendlichen gefallen sollte, ist klar. Viele Jugendzentren sind oft so ungemütlich, dass kaum jemand hingeht. Die Stadt sollte bedenken, dass man bei der Konzipierung und Gestaltung eines Jugendzentrums alle Beteiligten mit einbeziehen sollte.

## Attributsätze (Relativsätze)

Seite 91

1 Beispiellösung:
a) Das Buch, das du mir geschenkt hast, ist wirklich spannend.
b) Die Hausaufgaben, die wir auf heute machen sollten, habe ich daheim vergessen.
c) Hast du meine Jacke gesehen, die ich gestern anhatte?
d) Für den Aufsatz, auf den ich mich so gut vorbereitet hatte, bekam ich eine Zwei.
e) Das Auto, das gestern in den Unfall verwickelt war, hat einen Totalschaden.

Seite 92

**2** a) mit dem/womit b) in dem/wo c) den/welchen
d) dessen e) das/welches f) dem/welchem
g) warum/weshalb/wieso h) in den

**3** Der Lavendel, der in Europa vor allem in Südfrankreich angebaut wird, ist eine alte Heilpflanze. Die Menschen wussten schon immer um seine Heilkraft. So blieben die Arbeiter, die während des Mittelalters in den Lavendelfeldern arbeiteten, von der Pest verschont. Besonders der Lavendel, der in hohen Lagen wächst, enthält viele Wirkstoffe. Man benutzte Lavendelwasser, um Wunden auszuwaschen und den Körper oder Kleider zu waschen. Lavendel wird auch heute noch zu Heilzwecken verwendet. Der Lavendel, mit dem man die beste Wirkung erzielt, wird als echter Lavendel, „Lavandula vera" bezeichnet. Es gibt kaum ein Leiden, gegen das Lavendel nicht helfen kann. Narben, die schlecht heilen, kann man mit Lavendelöl einreiben. Er bekämpft Viren und Bakterien, die beispielsweise eine Grippe oder Erkältung auslösen können. Auch auf die Psyche wirkt Lavendel.

Seite 93

**4** a) Der Film, den mir ein Freund geliehen hat, ist wirklich spannend./ Den Film, der wirklich spannend ist, hat mir ein Freund geliehen.
b) Pfefferminzöl, das man sich auf die Stirn reibt, vertreibt Kopfschmerzen./Pfefferminzöl, das Kopfschmerzen vertreibt, reibt man sich auf die Stirn.
c) Mit dem Kuchen, den ich selbst gebacken habe, überrasche ich meine Mutter./ Den Kuchen, mit dem ich meine Mutter überrasche, habe ich selbst gebacken.
d) Der Weg, der zur Berghütte führt, ist sehr abschüssig./ Der Weg, der sehr abschüssig ist, führt zur Berghütte.
e) Ich habe den Mann, der dem Fahndungsfoto entspricht, gestern in der Stadt gesehen. /Der Mann, den ich gestern in der Stadt gesehen habe, entspricht dem Fahndungsfoto.
f) Das Mädchen, dessen Name ich nicht weiß, hat mir gut gefallen./ Ich weiß den Namen von dem Mädchen nicht, das mir gut gefallen hat.
g) Unser Lehrer, von dem man viel lernen kann, ist sehr beliebt. / Von unserem Lehrer, der sehr beliebt ist, kann man viel lernen.

## Fehler-Check

Seite 94

Die Kamille, die fast jeder kennt, ist eine sehr wirkunsvolle Heilpflanze. Die Orte, an denen man sie antreffen kann, sind Äcker, Wiesen und Wegesränder. Nur die „Echte Kamille", deren Blütenboden hohl ist, besitzt die wertvollen Wirkstoffe. Die

# Lösungen

„Wilde Kamille“, mit der man die „Echte Kamille“ leicht verwechseln kann, besitzt diese Wirkstoffe nicht. Es ist am besten, wenn man die Blütenköpfe an einem sonnigen, trockenen Tag sammelt. Die Blüten kann man im Schatten, am besten auf einem Tuch, trocknen. Aus den getrockneten Blüten kann man einen Tee aufgießen, der bei Bauchschmerzen aller Art hilft. Man kann auch einen Dampfaufguss bereiten, den man bei Erkältung anwenden kann. Der heilsame Dampf, der in die Nase steigt, beruhigt die gereizten Schleimhäute. Äußere Entzündungen kann man heilen, indem man Umschläge und Abwaschungen mit Kamillentee durchführt.

## Nebensätze richtig verkürzen

Seite 96

**1** a) Liest du die Gebrauchsanweisung, brauchst du mich nicht zu fragen.
b) Kräht der Hahn auf dem Mist, bleibt das Wetter so, wie es ist.
c) Blühen die Tulpen, ist der Frühling da.
d) Gelangst du an die Kreuzung, biegst du rechts ab.
e) Nimmst du einen Schirm mit, brauchst du dir keine Gedanken über das Wetter zu machen.
f) Kommst du heute nicht, kommst du morgen.

Seite 97

**2** a) Um ins Ausland zu telefonieren, musst du erst die richtige Vorwahl wählen.
b) Anstatt hier nur herumzusitzen, könntest du mir helfen.
c) Tim rannte die Treppe hinauf, um pünktlich zu sein.
d) Er ging einfach über die Straße, ohne auf den Verkehr zu achten.
e) Ich muss noch die Zutaten einkaufen, um einen Kuchen backen zu können.
f) Anstatt seine Hausaufgaben zu machen, ging Jakob ins Schwimmbad.
g) Anstatt im Unterricht aufzupassen, schrieb Nina lieber heimlich SMS.

**3** a) Anstatt sich die Zähne zu putzen, ging Lukas gleich ins Bett.
b) Maria geht regelmäßig Joggen, um Kondition für das Basketballtraining zu erlangen/bekommen/haben.
c) Anstatt in die Schule zu gehen, stelle ich mich heute krank.
d) Ich bin besonders hilfsbereit, um mehr Taschengeld zu bekommen.
e) Clara ließ ihre Tasche im Zug liegen, ohne es zu merken.
f) Um Geld für den Urlaub zu verdienen, suche ich mir einen Ferienjob.

Seite 98

**4** a) Musik hörend(,) gehe ich in die Schule.
b) Telefonierend bemerkte ich nicht, dass meine Mutter ins Zimmer kam.
c) Ich suchte(,) laut rufend(,) meinen Kater.

d) An unseren schönen Ausflug denkend(,) schreibe ich dir diesen Brief.
e) Die Wurst riechend(,) hielt mein Hund die Schnauze in meine Tasche.
f) Schlafend fiel ich aus dem Bett.

**5** Ins Denken vertieft, ging Leon nach Hause. (PS) Ohne es zu bemerken, stand er plötzlich vor seiner Haustür. (IS) Um die Tür zu öffnen, brauchte er seinen Schlüssel (IS). Vor sich hin schimpfend suchte er ihn. (PS) Laut quietschend öffnete sich die Tür. (PS) „Steckst du deinen Schlüssel in die Tasche, brauchst du ihn nicht immer zu suchen," (KS) sagte seine Schwester, ihm den Schlüssel unter die Nase haltend. (PS) „Würdest du mich mal in Ruhe lassen, fände ich dich nicht so blöd", (KS) gab Leon zurück. Seine Schwester wütend anrempelnd ging er in die Wohnung. (PS) Anstatt seine Eltern zu grüßen, verschwand er gleich in sein Zimmer. (IS)

**6** (1) ☒, (2) ☐, (3) ☒, (4) ☐, (5) ☒, (6) ☒ , (7) ☒, (8) ☐, (9) ☐, (10) ☒, (11) ☒, (12) ☐.

Seite 99

**Fehler-Check**

Seite 100

a) Mit dem Fahrrad fahrend(,) gelangte ich zur Schule.
b) Nicht möglich, da die Subjekte nicht gleich sind.
c) Nicht möglich, da die Subjekte nicht gleich sind.
d) Musik hörend(,) konnte er das Klingeln des Telefons nicht hören.
e) Fragst du nicht nach, kannst du nichts lernen.
f) Anstatt Brot zu kaufen, kaufte sie lieber Süßigkeiten.
g) Nicht möglich, da die Subjekte nicht gleich sind.
h) Ohne sich zu verabschieden, ging er zur Tür hinaus.
i) Aus dem Fenster schauend(,) telefonierte sie.
j) Um beim Vorstellungsgespräch gepflegt auszusehen, kaufte ich mir eine neue Hose.